모든 장소는 들어가기 위한 방법이 달라.
관심을 가지고 인지하는 순간,
내 앞에 존재하게 되는 거야.

연의 편지
애니메이션 아카이브북

연의 편지

애니메이션 아카이브북

감독 김용환
각본 정은경
원작 조현아

STUDIO:ODR

차례

PART 1

애니메이션 〈연의 편지〉의 세계

버스
정류장

"모든 장소는 들어가기 위한 방법이 달라.
관심을 가지고 인지하는 순간,
내 앞에 존재하게 되는 거야."

시놉시스

여름방학이 끝나고 새로운 학교로 전학해 오게 된 소리는
자신의 책상 서랍에서 학교에 대한 소개와
다음 편지를 찾을 수 있는 힌트가 담긴
익명의 편지 한 통을 발견한다.

"내 편지를 더 읽고 싶다면
 두 번째 편지를 찾아줘!"

이어지는 편지를 따라서 보물찾기하듯
학교 곳곳을 누비던 소리는
어쩐지 동급생 동순과 자꾸 마주치고,
둘은 함께 편지를 찾는 친구가 된다.
하나, 둘… 편지를 모을수록 특별한 인연이 이어지자,
소리는 편지를 보낸 사람에 대한 궁금증이 점차 커져가는데….

"마지막 편지까지 찾아서,
 너에게 고맙다고 말하고 싶어."

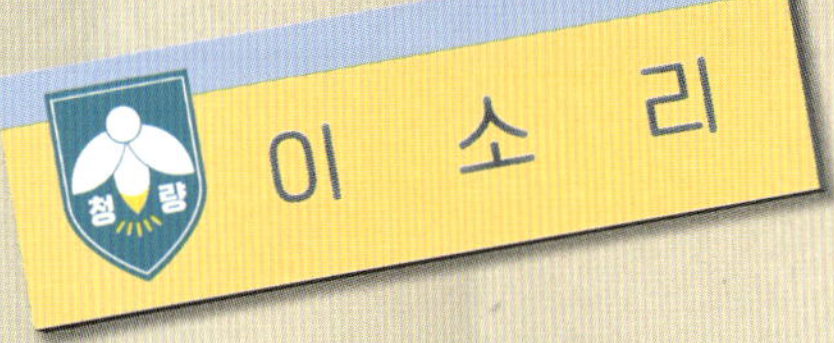

이소리(여)

어릴 적 살던 동네이자 할머니가 계신 시골의 청량중학교로 전학 온 열여섯 살 소녀.
밝고 씩씩한 성격이지만, 낯선 학교와 친구들 앞에서 쉽게 마음의 문을 열지 못한 채 움츠러든다. 그러던 중, 소리는 책상 서랍 속에서 익명의 편지 한 통을 발견한다. 그 안에는 정체를 알 수 없는 누군가가 전하는 학교 소개와, 다음 편지를 찾을 수 있는 작은 힌트가 담겨 있다.
소리는 용기를 내어 보물찾기하듯 다음 편지를 찾아 나서고, 그 여정 속에서 특별한 친구들을 만나며 마음의 문을 조금씩 열게 된다. 편지를 하나씩 찾아가면서 움츠러든 마음을 어루만지고, 잊고 지냈던 용기를 되찾는 마법 같은 순간이 펼쳐진다.

박동순(남)

청량중학교 양궁부 소속의 소년. 차갑고 무심해 보이는 첫인상과 달리, 누구보다 속이 깊다. 과거의 사건과 오해로 인해 가까웠던 친구와 멀어지고, 그 이후로 사람들과 거리를 두며 지내왔다. 겉으로는 아무렇지 않은 척하지만, 말없이 전학 간 친구 호연에게 서운함과 답을 알 수 없는 감정을 마음속에 간직하고 있다. 그러던 어느 날 동순은 전학생 소리를 만나게 되고, 간절히 편지를 찾는 소리의 곁에서 조금씩 마음을 열기 시작한다. 두 사람은 함께 편지를 찾아가며 비밀을 나누는 친구가 된다.

정호연(남)

곧 전학해 올 소리를 위해 학교를 소개
하는 편지를 남길 정도로 다정한 인물.
그러나 여름방학 중, 친한 친구였던 동순
에게 아무 말 없이 전학을 떠나며 수수께
끼를 남긴다.
학교를 관리하는 김순이 기사님과도 각
별할 만큼 사교성이 뛰어나지만, 동시에
아무도 모르는 학교 곳곳의 숨겨진 장소
들을 알고 있는 신비로운 존재다.

안승규(남)

어릴 적부터 동순과 친구로 지내왔다.
동순에게 친한 척 다정하게 말하다가도,
자신의 요구가 거절당하면 돌변해 위협
적인 모습을 보이기도 한다. 어느 우연
한 사건을 계기로, 소리와 동순이 함께
편지를 찾아가는 여정을 흔들려 한다.

김순이 기사님(여)

소리와 동순이 재학 중인 청량중학교의
경비 기사. '부하'라는 이름의 고양이를
키우며, 학생들 사이에선 '마녀의 집'이
라 불리는 신비로운 온실을 관리한다.
그 공간의 독특한 분위기와 신비스러운
모습 때문인지 학생들에게는 '마녀'라는
별명으로도 불린다. 호연과 각별한 사이
였던 순이 기사님은 소리와 동순이 그의
편지를 찾는 여정에 도움을 준다.

오리지널 대본집

용어 정리

- (Na) : 내레이션. 화면에 나타나지 않으면서 장면의 내용이나 줄거리를 알려주는 것.
  등장인물의 내면 심리를 묘사하는 방법으로 쓰이기도 한다.
- (off) : 화면 밖에서 들리는 등장인물의 대사.

일러두기

- 애니메이션 오리지널 대본집으로, 성우들의 연기를 위한 디렉션을 그대로 실었습니다.
- 일부 띄어쓰기나 한글 맞춤법에 어긋나는 표기도 작가의 의도를 반영하여 그대로
  살렸습니다.
- 대본집은 최종 상영된 애니메이션과 다른 부분이 포함되어 있습니다.

S#01. 시외버스 정류장 ○ 아침

소리 아빠   (걱정하며) …도착하면 전화하고,

            몸이 안 좋으면 바로 연락해.

소리   (웃으며) 네, 아빠. 전화할게요.

            (Na) 새 학교는… 이곳과 많이 다를지 궁금해.

S#02. 아파트, 소리의 방 ○ 아침

소리   (Na) (편지) 안녕. 이사한 곳은 좀 어때?

            나도 원래 살던 곳으로 돌아가기로 했어.

            어릴 때 할머니 댁에서 지냈거는.

            거긴 서울이랑 멀어서 연락이 늦을지도 몰라.

            집 전화랑 주소가 바뀌어서 편지 보내.

S#03. 시외버스 정류장 ○ 아침

소리   (Na) 새로운 곳에서 잘 지내길 바랄게.

          (눈물을 힘겹게 참아내는 호흡)

          (Na) 너도,

          나도.

S#04. 도시 → 청산시 ○ 아침

S#05. 골목길 + 할머니 집 ○ 오후

소리   ! (할머니 집을 보고 반가운 느낌)

          (대문을 열고 들어가면) 할머니~!

할머니   소리 왔어?

          아이고, 몸도 약한 게 오느라고 고생 많았어.

소리   어릴 때나 그런 거지, 이젠 건강해요!

할머니   (웃으며) 그래~ 어여 들어가서 밥 먹자.

소리   네!

S#06. 할머니 집, 소리의 방 ○ 오후

S#07. 청량중학교 전경 ○ 아침

S#08. 청량중 3학년 2반 교실 ○ 아침, 조회 시간

담임선생님   서울에서 전학 온 새 친구 이소리라고 해.

            소리야, 간단하게 자기소개 해줄래?

소리   …. (고개를 들면)

            (과거가 생각나는 소리)! (휙- 고개 숙인다)

S#09. 한월사립중 ○ 오전

소리	(Na) 지극히 일상적인 날이었다.
한월 일진	(off) 아파? 아프냐고.
한월 학생1	야, 숙제했으면 보여줘.
한월 학생2	다음 수업 자습이라던데?
지민	(off) 하… 하지 마….
한월 학생3	수학 15번 답이 왜 2번인지 모르겠어.
한월 일진	(off) 뭘 하지 마. 그러게 학교를 왜 기어 나오냐.
한월 학생4	어제 야자 때 옆 반 피자 시켰대.
한월 학생5	부럽다. 근데 오늘 급식 뭐야?
한월 일진	(off) 대답 안 해?
지민	(거의 들리지 않을 정도로) 하… 하지 마….
	(비명) 꺅!
소리	(Na) 내가 가만히 있는 걸 그만두기 전까지는.
한월 일진	(사물함을 발로 차며) 안 하냐고.
소리	그만해!
한월 일진	(가소롭다) 뭐?
소리	(단호하게) 하지 말라고 하잖아.
	!!! (같은 반 학생들의 반응에 당혹)
한월 일진	이소리. (어이없다는 듯 웃더니)
	지금 네가 뭔 짓 한 건지 알고는 있지?
소리	(Na) 내가 모두의 표적이 되기까지 이틀이면 충분했다.

S#10. 아파트, 소리 아빠 집 거실 ○ 오후

소리   (사이) 응, 지민아. 오랜만이네. 잘 지내?

            (사이) 이번 방학 너무 덥지?

지민   (off) (통화) 소리야….

소리   응?

지민   (off) (통화) 나 전학 가.

소리   (Na) (사이) …그럼 나는?

            …하고 말할 뻔했다.

            (웃으며) 어… 그래…. 잘 됐다.

            뭘 자꾸 미안해해. 잘 지내고.

            괜찮아, 괜찮다니까. 응, 도착하면 연락하고….

            (Na) 잠깐의 침묵을 지민이도 느꼈겠지.

            한심해.

            조금 후회했다.

            나도 그냥 가만히 있을걸….

            … 하지만 그랬다면 더 후회했겠지.

S#11. 청량중 3학년 2반 교실 ○ 아침, 조회 시간

담임선생님   하하…. 소리가 수줍음이 많구나. 천천히 알아가면 되지.

소리   (Na) (속으로) 정신 차려. 여긴 전 학교가 아니야….

담임선생님   (off) 2학기에 전학 온 거라 여러모로 따라가기 힘들 거야.

곤 학교 캠프도 있으니 너희가 많이 도와주렴.

반 친구들   네~.

담임선생님   아직 자리 바꾸기 전이니까, 소리는 저기 맨 뒤 빈자리에

앉을까?

소리   (거의 안 들리게) 네…. (꾸벅 인사한다)

S#12. 청량중 3학년 2반 복도 ○ 아침

반 친구들   야, 빨리 가자!

반 친구들   어, 야, 같이 가!

반 친구들   시간 없어~.

S#13. 교실 ○ 아침, 1교시 전 쉬는 시간

인희   서울에서 왔다며?

효원   진짜 원래 이 근처 살았어?

소리   어? 어….

인희   언제 이사 갔는데?

소리   초등학교 때….

성준   거기 진짜 아침 7시부터 수업해?

소리   아니… 그런 적은….

효원   왜 전학해 온 거야?

소리   !(당황) 그….

성준   …말하기 싫으면 안 해도 돼.

인희   맞아…. 신경 쓰지 마.

          (효원을 보며) 얘가 원래 쓸데없는 거 잘 물어보거든.

효원   뭐야~ 니들도 궁금하다며?

성준   암튼 모르는 거 있으면 물어봐.

인희	너보다 똑똑한 애가 너한테 왜 물어보겠냐?
성준	뭐라고?
효원	(웃으며) 다음 수업은 운동장에서 한대. 그럼 이따 봐!
성준	이따 봐.

S#14. 복도 → 운동장 ○ 오전, 1교시

소리	(뒤늦게 교실에서 나와 운동장 쪽으로 향한다)
	(서두르는 호흡)
	(놀라는 호흡)

S#15. 운동장 ○ 오전, 1교시

수경	간다!
방송이	(off) 아… 진짜.
수경	하하, 바보. 공을 피하면 어떡하냐?
	전학생! 선생님이 두 명씩 패스 연습하고 있으래.
소리	어… (작은 목소리로) 고마워….
수경	(피하는 소리를 보며 의아하다) ?
방송이	(off) 야, 던진다!

수경   (친구 보며) 어~!

S#16. 할머니 집 앞 ○ 오후, 방과 후

소리   (우체부 아저씨를 보고) 어…! 지민이…!
             (뛰어가는 호흡)
             (비어 있는 우편함을 보고 실망한다)

             (밝게, 전화선을 손으로 말면서)
             네. 벌써 친구도 생겼어요.
             밥도 같이 먹고, 다들 잘해줘요.
             (사이) 네, 아빠도요.

S#17. 학교생활 ○ 낮 – 몽타주

등교 학생 남1 (off) 야! 같이 가. 숙제했어?
등교 학생 남2 (off) 했겠냐?!
청량 학생 여1(송지) (off) 쟤 또 혼자네?
청량 학생 여2(도연) (off) 한월중에서 왔다며?
청량 학생 남1(은택) (off) 아, 그 학교 알아.

청량 학생 여2(도연)　(off) 서울에서도 명문인데 왜 다시 온 거지?

청량 학생 남1(은택)　(off) 나 재랑 초등학교 같이 다녔잖아.

　　　　　　　　그땐 친구 많았어.

청량 학생 여2(도연)　(off) 그래? 지금은 공부만 하던데…. 말 걸기 힘들더라.

청량 학생 여1(송지)　(off) 우린 수준이 안 맞나 보지.

소리　　　　　（아이들의 이야기를 듣고）…. (돌아서는 호흡)

S#18. 교실 ○ 점심시간

도담　　　　　(off) 야, 오늘 점심 뭐냐.

종훈　　　　　(off) 하이라이스.

소리　　　　　(참았던 눈물이 터지는)

　　　　　　　(Na) 어디서부터 잘못된 걸까.

　　　　　　　전학 오면 다 괜찮아질 줄 알았는데.

　　　　　　　내가 도망쳐서 그런 걸까?

　　　　　　　휴지가… (하고 책상 서랍에 손을 넣어 찾는데)

　　　　　　　! (뭔가 만져진다)

　　　　　　　(Na) 편지…? 왜 여기에…? 누가 보낸 거지?

　　　　　　　(반갑지만 얼떨떨한) …안녕.

편지	(Na) 안녕!
	우리 학교에 온 걸 환영해.
	이 편지는 너에게 이곳을 소개하기 위한 거야.
	첫 번째로 우리 반이 있는 본관 지도.
	도서관에 갈 때는 1번.
	(소리의 시선, 2번 화살표를 보면) 체육 수업은 2번.
	(3번 화살표를 보면) 등하교나 급식실 갈 때는
	3번 길이 제일 빨라.
	두 번째는 우리 반 애들 얼굴이랑 이름 카드야.
소리	(웃음이 나오는) 풋.
수경	응?
편지	(Na) 수학 선생님은 가끔 자습 시간에 코를 골아.
수학 선생님	(코 고는 소리)
편지	(Na) 그리고 부반장이 잠꼬대에 맞춰 디제잉을 해.
반 아이들	키득키득.
수학 선생님	(코를 골다가 자기 소리에 깨는) 크허헉-
	조용, 조용! 누가 시끄럽게 하니?
편지	(Na) 국어 선생님이랑 보건 선생님은 쌍둥이야.
도담	(복도에서 친구와 장난치며 달려온다)
편지	(Na) 애들은 보건 선생님이 너 무섭다고 하는데,
보건 선생님	박도담! 복도에서 뛰지 말라고 했지!
도담	죄송합니다.

편지　　　　　(Na) 난 반대 같아.

도덕 선생님은 벌레랑 살충제를 싫어해서

식충식물을 키우셔.

도덕 선생님　　(수업 설명) 사르트르는 인생은 B와 D 사이에 있는

C라고 했는데요.

편지　　　　　(Na) 그리고 그걸 항상,

도덕 선생님　　알겠지?

지우　　　　　(식물 보고 놀라며) 으악!

편지　　　　　(Na) 들고 다녀.

학생들　　　　(황당한 호흡)

S#20. **교실** ○ 노을, 방과 후

편지　　　　　(Na) 추신.

내 편지를 더 읽고 싶다면 두 번째 편지를 찾아줘.

두 번째 편지는 [819.93학99]에 있어.

소리　　　　　819.93학99…?

(뛰는 호흡)

S#21. 도서관 ○ 노을

소리   819.93⋯ 학99⋯ 찾았다!

편지   (Na) 두 번째 편지를 찾아줘서 고마워.

편지를 넣어둔 페이지에는 내가 가장 좋아하는 시가 있어.

너도 좋아할지 궁금해.

소리   (시를 읽다가) 풋!

(도서관에서 크게 웃어서 민망해하며) 엇!

(Na) 나도 궁금해. 이렇게 다정한 네가 누군지.

정호연⋯ 이 애 이름일까?

S#22. 기찻길 → 할머니 집, 소리의 방 ○ 해 질 녘 → 밤

소리   (Na) (갸우뚱) 같은 반은 아니네⋯.

다른 반인가?

편지   (Na) 학교에서 일해주시는 분들 성함이랑 얼굴이야.

난 특히 '김순이 기사님'이랑 친했어.

꽃차를 좋아하셔서 주위에 항상 향긋한 냄새가 나.

부하는 기사님이 돌보시는 고양이인데,

늘 조수처럼 곁에 있어.

학교 외부의 조력자도 소개할게.

이곳에서 12시 25분에 배달 받으면,

짜장면이 불기 전에 옥상에서 먹을 수 있어.

내가 추천하는 메뉴는 오리고기 만두랑 가지튀김이야.

소리   (음식을 상상하는 눈빛) (꿀꺽)

S#23. 학교 동쪽 문 ○ 다음 날. 점심시간

청리향   (off) 학생!

여기요! 여기!

소리   (멈칫) !

(음식의 위엄에 감탄하는 눈빛) (꿀꺽)

청리향   (개구멍으로 보이는 얼굴)

빈 그릇은 여기 두시면 가져갈게요.

소리   네!

청리향   (가다가 돌아와) 아, 그리고 다음부턴

같은 메뉴는 한번에 시켜주세요.

소리   네?

청리향   경비아저씨한테 들키면 혼나서.

소리   아… 네.

(사이) 한번에…? 누가 또 주문했나?

(하다가) …! 어?

S#24. 본관 옥상 가는 계단 → 옥상 ○ 점심시간

경비 기사　　거기! 너희 둘, 이리 와! 인마!

학생 둘(남)　　앗, 죄송합니다.

소리　　　　(Na) 혹시 그 애도?!

　　　　　　(계단을 뛰어 올라가는 호흡)

　　　　　　(문 열고 심호흡)

　　　　　　(위를 올려다보고 두리번거리며 호흡)

　　　　　　(남학생의 뒷모습을 보고 놀라는) !

동순　　　　(먹는 호흡)

　　　　　　(인기척을 느끼고 돌아보는)

　　　　　　? (아무도 없다)

소리　　　　(Na) 숨어버렸다…!

　　　　　　…저 아이가 정호연?

동순　　　　(뛰어내리는 호흡)

소리　　　　(남학생이 음식을 다 먹고 뛰어내리는 모습을 보고 놀라는) 어!

　　　　　　(Na) 아…. 떨어진 줄 알았네.

　　　　　　아, 여기가 옥상 양궁장이구나.

　　　　　　(먹는 호흡) 응?

　　　　　　(왠지 마음이 시원해지는 기분이다) 우와…!

동순　　　　(짜증 나는 듯한 호흡)

소리　　　　(Na) …하나도 안 맞네.

동순　　　　(옆에 세워져 있던 화살통을 발로 차는) 아, 씨…!

소리　　　　(Na) (놀람, 겁먹음) …빨리 가는 게 좋겠다.

(남은 음식을 허겁지겁 먹는다)

(위태롭게 내려가다가 그릇 두 개를 떨어뜨린다) 헉!

동순   (누군가 빠르게 옥상 문을 열고 계단을 내려가는 뒷모습을 본다) ….

S#25. 학교 동쪽 문 개구멍 ○ 점심시간

동순   (개구멍에 놓여 있는 빈 그릇들을 보는) ….

(굳은 표정)

S#26. 교실 ○ 오후, 5교시 사회 시간

사회 선생님   (off) 다음 중 헌법에 명시되어 있는 개별적 기본권이 아닌 것은?

편지   (Na) 다음 편지도 궁금하다면,

방과 후 마녀의 집에서 메리골드에 물을 줘.

소리   (Na) (고개를 갸웃하며) 마녀의 집?

사회 선생님   자, 누가 풀어볼까…? (둘러보고) 거기, 새로 온 친구?

수경   전학생, 선생님이 부르셔.

소리   엇?! (자리에서 일어나며) 네!

사회 선생님   자…. 정답은?

소리	(사실 못 들었다) 어….
편지	(Na) 사회 선생님은 오지선다 퀴즈를 자주 내시는데, 정답은 대부분
소리	(떠올리고) 아, '없다'입니다.
사회 선생님	그렇지, 이거 시험에 나올 거니까 꼭 외우고. 정답 맞혔으니까, 오늘 수업은 여기까지.
반 아이들	와~~! 앗싸~~!
소리	(조심스럽게) 알려줘서 고마워, 수경아.
수경	어? 아. (내 이름을 어떻게 알았지? 하고 갸웃)
소리	혹시… 마녀의 집이 어딘지 알아?
수경	아, 거기! (하다가, 거긴 또 어떻게 알았지?) (놀라며) 거긴 왜?!

S#27. 화원 전경 ○ 오후, 7교시 이후

수경	(off) 마녀의 집은 교정 뒤편에 있어.
소리	근데 왜 마녀의 집이야?
수경	(꺼림칙한 표정으로) 그게… 작년에 거기서 큰불이 나서 싹 타버렸는데, (off) 마녀가 이상한 주술을 써서 한 달 만에 복구가 된 거야. 하여튼 좀… 이상한 곳이야.

소리   (긴장한 표정으로 화원을 본다) ….

S#28. 화원 내부 ○ 오후, 7교시 이후

편지   (Na) 마녀의 집에서 메리골드에 물을 줘.

소리   (반신반의) 설마 진짜 마녀가 있는 건 아니겠지…?

으아악!

(놀란 가슴을 진정하며) 고양이…?

카드에 그려져 있던 고양이다!

엉킨 거야? (잡아당기는 호흡)

부하   (앞발로 때리며) 냑, 냐아악!

소리	자… 잠깐만!
부하	냐옹~!
소리	(감탄하는 호흡)
	(화원 내부를 둘러보며 감탄한다) 와…!
	(Na) (꽃 이름이 쓰인 손 글씨를 보며) 어…! 그 애가 쓴 거다…!
부하	(off) (소리를 부르는 듯이) 냐옹~
소리	어…!
	어, 메리골드!
	(의아해하며 혼잣말) …물만 주랬는데, 편지는 어디 있지…?
순이 기사	(off) 부하, 여기 있었구나.
소리	(깜짝) !!! 헉, 마녀…!
순이 기사	(off) 으쌰.
소리	(그러고 보니 그림이랑 똑같다!) …김순이 기사님?
순이 기사	(이 아이구나… 하고 웃는다)

S#29. 화원 관리실 ○ 오후, 7교시 이후

소리	(신기하게 쳐다본다)
순이 기사	호연이가 부탁한 거예요.
	메리골드에 물을 주는 친구가 오면 전해달라고 했어요.
	내 이름을 아는 학생이 몇 없기도 하고. 바로 알 수 있었죠.
소리	감사합니다. 저는 이소리예요!

…. (어색한 호흡)

순이 기사　(소리 모습을 보며) 궁금할 텐데,

내 눈치 보지 말고 뜯어봐요.

소리　앗! 네! 그리고… 말씀 편하게 하세요!

순이 기사　(웃으며) (사이) 그럴까?

부하　(하품하며) 냐아~옹.

소리　(꽃 봉투를 내밀며) 이건 뭘까요?

순이 기사　이건… 하하. 호연이가 직접 재배한 메리골드 꽃이란다.

굉장히 정성 들여 키웠지.

소리 네가 맛보았으면 했나 보구나.

(자리에서 일어서며) 기다려보렴. 지금 우려줄 테니.

부하　(신기한 듯) 냥? 그르릉. 냐옹~.

소리　와~ 예쁘다…. 감사합니다!

(꽃차를 마시고) 호연이도 이곳에서 차를 마시나요?

순이 기사　그렇단다. 나를 자주 도와줬거든.

호연이에 대해 더 얘기해 줄까?

소리　(고민하다가) 아… 아뇨….

저에게 이렇게 멋진 선물을 줬으니,

(수줍게 웃으며) 나머지는 그 애가 준비해 준 대로

찾아가면서 알고 싶어요.

순이 기사　(그 모습을 예쁘게 바라보는)

그래. 한잔 더 들겠니?

소리　네! 감사합니다!

부하　냐옹!

S#30. 교무실 ○ 같은 날, 오후

승규　　　　　(off) (양궁 점수 기록지를 책상에 올려놓으며)

　　　　　　　여기 올려놓겠습니다.

양궁부 선생님 오늘도 훈련 고생했다. 열심이던데?

승규　　　　　네. 다음 달에 지역 대표 선발전도 있고 해서요.

양궁부 선생님 그래. 지금 성적으로는 불안했는데,

　　　　　　　대표 가산점이 붙으면 원하는 학교는 문제없을 거 같다.

　　　　　　　잘해봐.

승규　　　　　…. (웃으며) 네!

S#31. 테니스장 ○ 같은 날, 오후

저지　　　　　아, 씨… 거지새끼.

마스크　　　　(off) 다음에 이 새끼 조져놔야겠어.

승규　　　　　(담배 피우는 호흡) …. (담배를 발로 끈다)

마스크　　　　뭐 보냐? (따라서 보다가)

　　　　　　　헐. 저 음침한 델 가는 애가 또 있네?

저지　　　　　아, 쟤? 2반으로 전학 왔대.

마스크　　　　(대충 대꾸한다) 응~ 쏭규, 오늘 양궁부 쨀래?

승규　　　　　시끄러워.

마스크　　　　하기 싫다며?

승규	(무섭게 노려보면)
저지	(마스크 툭 치며) 등신아. 이번 대회 중요하다잖아. (소곤)
마스크	넌 닥쳐라.

S#32. 토끼장 ○ 다음 날, 아침

편지	(Na) 괜찮다면, 아침 일찍 토끼장에 방문해 줘.
소리	찾았다!
편지	(Na) 우리 학교는 학생들이 맡아서 하는 일이
	하나씩 정해져 있어.
	토끼장 관리도 그중 하나야.
	혹시 맡을 일을 정하지 않았다면, 한번 생각해 볼래?
소리	(간식 봉투를 들고) 네가 누리구나?
	(귀여워하며 미소 짓는다) 자 누리, 초코도!
동순	(토끼장 안에 소리의 모습을 호연의 모습으로 착각한다) …!
	(호연으로 착각해서) 야! 너…!
소리	(뒤돌아보며) 어…?
동순	('아니구나' 하며 실망한다) ….
소리	(Na) (동순을 알아본다) 이 애는….
동순	네가 새로 온 당번이야?
소리	응? 으응….
	난 이소리야. (동순을 보며) 너는…

(Na) 호연이일까?

동순	박동순.
소리	(예상했지만 실망하며) 아⋯.
동순	(소리 손에 들린 당근 간식을 본다) ⋯너.
소리	?
동순	그렇게 앉아 있으면 토끼 똥 묻어.
소리	으악!!!

(간식 봉투를 들고 도망가는 누리를 보며)

어엇! 야, 안 돼! 누리야!

동순	(누리를 잡아 간식 봉투를 건네준다)
소리	고마워⋯.
동순	(사이) 토끼 이름, 어떻게 알았어?
소리	어⋯?
동순	그 간식은 누구한테 받았고.

(사이) 중국집도 너구나.

소리	⋯.
동순	(까칠하게) 정호연이지?

(사이) 너 같은 친구가 있다는 건 들은 적 없는데.

소리	(편지 속 친구가 동순인가 하고) ⋯호연이랑 친구니?
동순	(사이) 아니.

S#33. 아지트 가는 길 ○ 같은 날, 오전

소리 (낯설어하는 호흡)

편지 (Na) 다섯 번째 편지는 내가 가장 좋아하는 장소에 뒀어.

토끼장 뒷문에서

앞으로 다섯 걸음,

오른쪽으로 일곱 걸음,

다시 아홉 걸음을 걸으면 찾을 수 있어.

소리 (고개를 드는 호흡)

…이상하다, 아무것도 없는데….

(Na) 앞으로 다섯,

오른쪽으로 일곱,

다시 앞으로 아홉.

다섯, 여섯, 일곱, 여덟, 아홉. 어?

(털썩 앉는다) 하아…. 뭐가 잘못된 거지….

보폭이 너무 컸나? 아니면 작았나?

(Na) (편지를 다시 보고) 토끼장 뒷문에서 눈을 감고… 아!

눈으로 의식해서 제대로 못 걸은 걸지도 몰라.

(눈을 감으며) 좋아, 다시!

(크게 심호흡한다)

(Na) 앞으로 다섯 걸음,

오른쪽으로 일곱 걸음,

이 향기는… 그 꽃 향기다!

…넷, 다섯, 여섯, 일곱, 여덟…

아홉! (무언가 부딪혀 눈을 뜨면)

박동순?

동순   어? (이어폰 빼며) 이 소리?

네가 어떻게 또….

S#34. 숲속 아지트 ○ 점심시간

동순   뭐…? 정호연이 쓴 편지?

소리   응. 여기에 다음 편지가 있대.

동순   (혼잣말) 참나…. 모르는 애한테 편지 쓸 시간은 있고.

소리   (의아) 저… 괜찮으면 좀 찾아봐도 될까?

동순   그러든가. (맘에 안 드는 듯 아지트 버스 위로 올라간다)

소리   (두리번거린다)

S#35. 청량중 2학년 교실 ○ 과거, 1년 전

반 학생들   (떠들며 웅성웅성)

마스크, 저지   (동순의 뒤로 승규와 일진들이

반 아이에게 지갑을 뺏는 모습이 보인다)

뭐 먹을래? 야, 뭐 하냐? 여기 있다~!

반 아이	아, 하지 마!
마스크, 저지	자, 받아~!
승규	(동순을 부르는데 안 들린다) 똥순~!
	(동순의 귀에서 이어폰 한쪽을 빼며, 큰소리로) 똥순!
동순	(살짝 인상을 쓴다)
승규	(어깨에 팔 두르며) 야! 박동순.
	야, 얼마나 크게 듣길래 불러도 모르냐?
동순	….
승규	오랜만에 너희 집 놀러 갈까?
동순	양궁부 연습 있다며. 빠지면 아주머니가 싫어하시잖아.
승규	(표정 싸해지며) 뭐?
동순	(말 없으면) …아니야.
승규	(다시 웃으며) 뭐야, 너 아직도 이런 거 들고 다니냐?

S#36. 화원 옆 ○ 과거, 방과 후 오후

마스크, 저지	(대화 중)
동순	(장작 들고 승규에게 다가가) 왜 불렀어?
승규	어어, 똥순! 왔어?
	(지갑 뒤지며) 나 오늘 캠프 준비 못 가.
	위원회에 네가 잘 말해주라.
동순	…그래.

승규	아, 우리 집에서 전화 오면 너희 집에서 잔다고 해.
동순	(대답 없는) ….
승규	아… 왜?
동순	…아주머니한테 거짓말하기 싫어.
승규	(피식) 야, 내가 아들이지, 네가 아들이냐?
동순	(타들어 가는 학생증을 보다가) 알았어. 용건은 그게 다야?
승규	왜 그래, 정 없게.
	너도 같이 놀래?
	(일진 무리를 가리키며) 소개해 줄게.
동순	…됐어. 갈게.
승규	가라!
순이 기사	아이고! 동순 학생!
동순	(헉! 깜짝 놀라며) 기사님!
순이 기사	장작 나르는 거 도와줘서 고마워요.
	캠프파이어 준비 많이 힘들죠?
동순	(승규 무리 쪽을 힐끗 보며) 괜찮아요.
	준비 위원회니까 도울 일 있으면 불러주세요.
순이 기사	아이고, 고마워라! 가만….
	무슨 타는 냄새 안 나요? (뒤편을 보려고 한다)
동순	(앞을 막으며) 아, 안 나는데요!
순이 기사	(킁킁) 나는 것 같은데?
동순	(당황) 어… 저 이번 캠프 말이에요.
	(off) 저랑 같은 조인 애, 누구 소개해 주신다고 하셨잖아요,
	다른 반에… 그 정호연인가, 어… 궁금해서요.

승규	흥!
순이 기사	(off) 아참, 그랬지! 그 애도 널 무척 궁금해… (말하다가)
동순	(승규 간 것 확인하고) 그럼 안녕히 계세요!
순이 기사	? (의아하게 동순을 본다)
	(순이 기사, 동순이 떠나고 승규와 일진들의 흔적을 본다)

S#38. 캠핑장 ○ 과거, 다른 날, 밤

학생들	(당황한 채 웅성거린다)
방송	(off) 화원에서 화재가 발생했습니다.
	캠프에 참가한 학생들은 선생님의 인솔에 따라
	학교 밖으로 대피하세요.
담임선생님	자, 학교 밖으로! 빨리빨리!
동순	(놀란 호흡)

S#39. 테니스장, 자판기 앞 ○ 과거, 동순의 회상, 오후, 흐림

동순	(off) 또 무슨 일인데?
승규	(음료수를 마시고) 아무래도 그 마녀가 담배 꼰지른 것 같아.
	학부모 면담 오라잖아. (음료 캔을 던지며)

S#40. **캠핑장** ○ 과거, 다른 날, 밤

동순   (놀란 호흡)

            (대피하다가 누군가 테니스장에서 화염병을 돌리는 모습을 보고)

            …!

승규   (off) 에이…!

S#41. **테니스장, 자판기 앞** ○ 과거, 동순의 회상, 오후, 흐림

승규   (화원 쪽을 바라보며) 개 같네….

S#42. **캠핑장** ○ 과거, 다른 날, 밤

승규   (숨차하며) 야! 안승규!

            (사이) 네가 한 거야? 아니지?

승규   마녀 지는 담배밭도 재배할걸. 그런 주제에 꼰지른 거잖아.

            당해도 싸.

동순   … 사고였넌 거지? 저기서 남배 피우나 실수로….

승규   (피식) 맞아. 실수였어.

동순   (쳐다본다)

승규	이렇게 말하면 믿을래?
동순	야, 안승규! 캠프에 있는 사람들까지 위험할 뻔했어!
승규	그러니까, (동순의 어깨 잡으며) 닥치고 있으라고.
	네 말대로 실수로 넘어갈 게 아닌 거 알지?
	내가 퇴학이라도 당할까?
	친구한테 그러고 싶어, 박동순?
동순	(충격을 받아 아무 말도 못 하다가) 그래도… 이건….
승규	기억나지? 너 괴롭힌 놈들 내가 패줬던 거.
	이러면 섭섭하다. 할망구 하나 잘리면 끝날 일이잖아.
	(동순을 지나치면서) 냅두라고. 지금까지처럼.
동순	(뭔가 탁 끊어진)!
	(승규에게 주먹을 날린다)

S#43. 뒷산 숲속 ○ 과거, 같은 날, 밤

호연	(동순을 보고 미소 지으며) …드디어 찾았다!

S#44. 숲속 아지트 ○ 점심시간

소리	(off) 찾았다!

동순   (버스 위에서 내려온다)

            너, 전학 왔으면 학교에 적응할 생각을 해.

소리   (쳐다보며) 뭐…?

동순   편지 찾을 시간에 다른 거나 하라고. 시간 낭비 말고.

소리   (동순의 말에 당황, 충격받은 얼굴로) 시간 낭비라니….

            그 애가 열심히 준비해 준 건데….

동순   그래봤자 아무한테나 막 쓴 장난 편지겠지.

소리   (상처받은 듯) 장난은 아닐 거야….

동순   (쳐다본다)

소리   이 앤 그냥… 나한테 이곳을 소개해 주고 싶은 것 같았어.

            편지를 전부 찾아서 호연이를 만나게 되면…

동순   (말 끊고 답답해서) 야, 정호연은…!

            (사이) 그러다 후회하게 될걸.

S#45. 기찻길 → 할머니 집 대문 ○ 같은 날, 오후

소리   (off) (빈 우편함을 보고 실망한다)

S#46. 교실 ○ 오후

편지　　　(Na) 아지트는 내가 좋아하는 친구와 매일 오던 곳이야.

　　　　　이곳이 마음에 든다면 자주 들러주면 좋겠어.

소리　　　(Na) 좋아하는 친구….

S#47. 등나무 ○ 점심시간

수경　　　아니, 걔가 내 이름을 알더라고.

　　　　　난 전학생이라고 불렀는데….

호란　　　좀 그랬겠네. 걔 반 애들 이름을 다 외워야 하지만,

　　　　　넌 한 명만 외우면 되잖아.

송희　　　맞아.

수경　　　(머쓱) 알아. 내가 잘못한 거.

송희　　　그래서 그 애 이름이 뭔데?

소리　　　저기… 수경아…!

수경　　　(돌아보고 깜짝 놀라서) 앗, 전학… (멈칫) 소리야!

송희　　　아~ 얘가 그 애야?

호란　　　이름이 소리였구나. 이름 예쁘네.

소리　　　(송희, 호란 반응에 자신을 가리키며) 어? (나…?)

수경　　　안 그래도 네 얘기 중이었거든! 이쪽은 3반 친구들이야.

호란　　　안녕? 난 주호란.

송희　　　　난 양송희야.

소리　　　　안녕…! 난 이소리야.

　　　　　　저, 혹시 괜찮으면… (빵 봉투 내밀며)

　　　　　　점심, 같이 먹어도 될까?

수경　　　　(웃는다. 송희, 호란 보며) 괜찮지?

송희, 호란　(동시에) 물론~.

소리　　　　(웃음)

수경　　　　(off) 여긴 어떻게 알고 왔어?

소리　　　　(off) 누…누가 가끔 여기서 점심 먹으면 좋다고 해서….

　　　　　　너흰 급식 안 먹어?

호란　　　　어. 점심은 내 입맛대로 먹고 싶어서 도시락 싸 와.

송희　　　　난 집이 반찬 가게라 남은 반찬 싸서 오는 거야.

　　　　　　이거 먹어볼래?

소리　　　　고마워.

　　　　　　(먹어보고) 진짜 맛있다!

수경　　　　아~ 나도 먹고 싶다…. 닭가슴살 물려.

호란　　　　참아. 넌 아무거나 먹으면 안 되잖아.

소리　　　　왜?

수경　　　　나 배구부라 빡세게 식단 조절 중이거든.

　　　　　　지역 대표 선발전이 얼마 안 남아서 말이야.

소리　　　　아…!

송희　　　　그러고 보니 올해 양궁부는 아쉽겠더라.

호란　　　　맞아, 이제 정호연도 없으니까.

소리　　　　(놀라서) 정호연?

수경	소리 넌 모르지? 우리 반이었어. 양궁 되게 잘했는데.
호란	2년 동안 걔가 대표였다가, 올해는 다른 애일걸?
	얼마 전에 전학 갔거든.
소리	!
	(Na) 전학… 그랬구나….
	지금 내 자리가 호연이가 앉은 자리였어.
송희	(off) 그럼 올해는 동순이가 대표 하려나?
수경	아니. 걔도 양궁부 탈퇴했대. 아마 안승규가 하지 않을까?
	걔가 지금 제일 잘하니까.

S#48. 숲속 아지트 ○ 오후, 방과 후

동순	(버스 뒷좌석 근처에서 뭔가 정리하고 있다)
소리	(쭈뼛) 저… 동순아….
동순	어제 심한 말 한 거 미안.
소리	아, 괜찮아.
동순	그리고 전에 말하려다 말았는데, 정호연 전학 갔어.
소리	아….
동순	(소리 표정을 보고) 이미 들었나 보네.
소리	응…. (상자를 보며) 근데 뭐 하고 있어?
동순	(일어나며) 더 이상 여기 안 오려고.
소리	어…?

동순   앞으론 네 맘대로 써.

소리   (놀람) 어…? 무슨 말이야…? 갑자기 왜?

동순   (소리를 지나쳐 걸어가며) 이제 올 이유가 없으니까.

소리   …!

        (망설이다가 용기 내어) 동순아!

        편지에 네 얘기가 있었어! 가장 좋아하는 친구라고.

동순   (발걸음을 멈춘다)

소리   넌 아니라고 했지만… 그 앤 널 친구라고 얘기해 줬어.

        그리고 아마 호연이는… 네가 여기 안 오면

        슬퍼할 것 같아.

동순   (침묵)

소리   (머뭇거리다가) 혹시 호연이랑 무슨 일 있었어?

동순   …. (벽에 있는 유리병을 보면서 생각에 잠긴다)

S#49. 뒷산 숲속 ○ 과거, 밤

호연   너, 숨기 좋은 곳을 잘 찾는구나.

동순   ….

호연   한참 찾았어. 선생님들도 다 찾고 있고. 돌아가자.

동순   (고개 돌림) ….

호연   …싫은가 보네. 혼자 울고 있었던 거야?

동순   (센 척) 울긴 누가 우냐?

호연	(사이) 꼭 눈물이 나와야 우는 건 아니래.
	오히려 눈물이 나는 쪽이 더 편하대.
동순	(들킨 것 같아 고개 돌리며) 우는 게 아니라… 화가 나는 거야.
	네가 상관할 일도 아니고.
호연	(편하게 웃으며) 그래, 상관 안 해.
	난 그냥 널 찾으러 온 거니까.
동순	(사이) … 어떻게 찾은 거야?
호연	(웃으며 반딧불로 시선을 옮긴다)
	(반딧불이 든 유리병을 동순에게 건네며)
	반딧불은 만나고 싶은 사람을 찾게 해준대.
동순	(유리병을 보다가 불씨가 들어 있던 콜라 캔을 돌리는 승규가 떠올라
	표정이 어두워진다)
호연	참, 먹을 걸 좀 가져왔어.
	(약밥 건네며) 순이 기사님이 만드신 약밥인데,
	먹으면 좀 편해질 거야.
동순	순이 기사님?
호연	(보온병의 차도 따라주며) 응.
	널 꼭 찾아달라면서 걱정하셨어.
동순	(약밥 한 입 먹으니 눈물이 왈칵 쏟아진다)
	(부끄러워 얼른 눈물 닦으며) 뭐야, 갑자기….
호연	(차 건네며) 눈물을 내보내는 약밥이라고 하셨거든.
동순	뭐?! 그런 게 어딨어?
호연	먹고도 안 믿는 거야?
동순	…으윽…. (호연이 준 차를 들고 눈물을 뚝뚝 흘린다)

	(Na) 남 앞에서 운 건 쪽팔렸지만,

(Na) 남 앞에서 운 건 쪽팔렸지만,

복잡했던 생각이 정리됐다.

동순 　　…너, 대체 뭐냐?

호연 　　(돌아보며) 난 정호연이야. 너랑 캠프 같은 조.

동순 　　그거 말고. 진짜 나 어떻게 찾았어?

호연 　　(사이, 웃으며) 안 믿을 텐데.

　　　　(사이) 순이 기사님한테 마법 같은 걸 배우거든.

동순 　　(황당) 뭐?!

호연 　　하하. 안 믿을 거라고 했지? (다시 앞서간다)

동순 　　(Na) 사실 어떻게 찾았는지는 중요하지 않았다.

　　　　…뭐라는 거야!

　　　　(Na) 그 애의 특별한 능력보다, 알지도 못하는 날 위해

　　　　산속을 헤맸다는 것이 훨씬 놀라웠기 때문이다.

S#50. **교무실 복도** ○ 과거, 다음 날, 아침

동순　　　(국어 선생님과 대화 후 복도로 나온다)

승규　　　뭐 했냐, 박동순? 왜 교무실에서 나와?

동순　　　(보다가) 캠프 때 불난 거, 내가 했다고 했어.

승규　　　네가 한 거라고 했다고?

　　　　　(빡치는) 하…. 야, 가만히 있으라고 했지?

　　　　　(동순의 어깨를 잡으며)

　　　　　뭘 착각하고 있는 거 아냐?

동순　　　(가만히 쳐다본다) ….

승규　　　지가 친구나 뭐라도 되는지 아나? 호구 새끼가.

동순　　　그러니까, (어깨 위 손을 뿌리치며)

　　　　　이걸로 다신 안 봤으면 좋겠다.

S#51. **옥상** ○ 과거, 낮

호연　　　(초가 꽂힌 피자를 내밀며) 축하해! 2주 정학!

동순　　　(초 불며) 후, 지금 누구 놀리냐?

호연　　　하하. 그래도 퇴학은 면했잖아.

　　　　　정말 네가 했다고 말할 줄 몰랐는데.

동순　　　(아무렇지 않은 듯 피자를 먹으면서)

　　　　　그렇게 해야 안승규랑 더 이상 엮이지 않을 테니까.

옆에서 보고만 있었던 게 잘한 것도 아니고….

호연   정말 후회하지 않겠어?

         네가 하지도 않은 일로 벌받는 건 이상하잖아.

동순   (사이) …. (다시 음식을 먹기 시작한다)

호연   (양궁장에서 연습 중)

동순   (혼잣말, 음식 먹으며) 우와…. 잘하네.

         (양궁부실을 둘러보며 구경한다)

호연   양궁부 어때?

동순   (계속 구경하며) 좋네. 재미있어 보인다.

호연   관심 있으면 같이 하자.

동순   (사물함에 승규 이름을 보고 눈 돌린다) 됐어. 학기 중에 무슨….

호연   (눈치챘지만 별말 없이) 생각 바뀌면 말해줘.

동순   어~. (화살 하나 집으며) 근데 너, 잘 쏘더라.

         어떻게 그렇게 잘 맞춰?

호연   (캐비닛에서 파란 끈을 꺼내 동순에게 건네며) 한번 해볼래?

동순   (어리둥절하다) …?

S#52. 아지트 ○ 과거, 낮

동순   (활을 쏘는 호흡) 아 씨, 하나도 인 맞잖이…!

         더 열받기만 하고.

         과녁을 분노의 대상으로 생각하랬지?

호연	하하, 아니야. 내가 준 끈 갖고 있지?
동순	응.
호연	(끈 하나를 화살에 묶어주며) 이 끈에 네 마음을 담아서
	멀리 날리는 거야.
	지금은 이걸 네 '화'라고 생각하고 날려봐.
	정확히 없어지는 곳에.
동순	(활을 쏘는 호흡) (과녁에 맞혀 놀란 호흡)
호연	어때?
동순	(후련한 듯 기분 좋게 웃는다)

S#53. 옥상 양궁장 ○ 과거, 낮

양궁부 선생님	오늘 새로 들어온 박동순이다.
	호연이가 친구니까 잘 봐줘라.
호연	네.
승규	(친구라는 말에 표정이 싸해진 채 동순을 노려본다)
양궁부 선생님	(부원들을 둘러보며) 너네도 잘 챙겨주고. 알겠지?
양궁부원들	넵~!
승규	(대답하지 않고) ….

S#54. 아지트 → 토끼장 → 화원 → 도서관 ○ 과거

동순   야. 내가 바보짓 했다고 생각해?

호연   뭐가?

동순   넌 반대했었잖아.

호연   음…. 안승규 대신 정학 당했던 거?

동순   어.

호연   뭐, 네가 후회하지 않는다면 나도 괜찮아.

           그런 선택을 할 수 있는 것도 대단한 거고.

동순   …. (혼잣말) 대단한 건 너지.

호연   (웃으며) 뭐? 다시 말해봐.

           (공을 던진다)

동순   (당황) 아니, 이런 공간도 만들 수 있고!

           (공을 받지 못하고 머리에 맞는다) 아!

호연   하하, 미안. (웃으며) 근데 뭐라고?

           여긴 내가 만든 게 아니라 원래 존재하는 공간이야.

           사람들이 관심이 없을 뿐이지.

동순   관심이 없다니…?

           누가 여길 네가 만든 차를 마시고,

           (생각하다가 말을 옮김) 눈을 감고 걸어오겠어?

호연   하하. 모든 장소는 들어가기 위한 방법이 달라.

           사람노 마찬가지고.

           관심을 가지고 인지하는 순간, 내 앞에 존재하게 되는 거야.

동순   또 뭐라는 거야?

호연	체크! 아~ 드디어 한 번 이겼네!
동순	네가 이상한 말로 정신없게 하는 바람에… 하아….

(동순, 호연 밤하늘을 보며 대화한다)

동순	반딧불이 만나고 싶은 사람을 찾게 해준다는 거, 진짜야?
호연	그렇게 널 찾았잖아.
동순	그럼 마법으로 아픈 사람을 낫게 하거나 하늘을 날 수도 있어?
호연	못 해.
동순	(어이없는 표정) ….
호연	방금 생각보다 시시하다고 생각했지? 하하.

(동순, 호연 토끼장에서 대화한다)

동순	(토끼들에게 사료를 먹이다가 누리가 사료 봉투를 들고 도망가서 잡으려 한다) 자! 누리야, 안 돼!
호연	(병약한 토끼에게 약을 먹이다가 동순의 모습을 보고 웃는다) (off) 병원도 있고, 비행기도 있잖아.
동순	(off) 그건 과학이지.

(동순, 호연, 순이 기사, 부하 화원에서 화목하게 대화한다)

호연	(off) 기적을 만들려면 생각보다 오랜 시간과 정성이 들어가. 그래서 어느샌가 당연한 것으로 착각하기 쉽지.

(동순, 호연 도서관에서 대화한다)

동순	야, 정호연, 내놔!
호연	(백일장 문집을 보고 환하게 웃으며 동순을 놀린다) 잠깐 보자~ 쉿!
동순	(난처해하며 호연을 저지하다가 부끄러워하며 자리를 뜬다)
	아, 진짜…!
호연	(off) 아픈 사람을 치료하거나 하늘을 날게 된 것도
	마찬가지야.
	그게 당연하고 시시하게 여겨지는 순간,
	기적이나 마법이 아니게 되는 거래.

S#55. 옥상 양궁장 ○ 과거, 낮

호연	올해가 마지막인데 이번에도 같은 반이 아니라 좀 아쉽다.
동순	아쉽긴. 어차피 맨날 만나서 노는데.
호연	(아련) …응, 그렇지.
동순	(계단 쪽에서 옥상 문을 열려고 하는데)?
승규	(옥상 쪽에서 문을 열고 나와 동순과 일부러 어깨를 부딪친다)
	(동순을 노려보며) 눈 똑바로 뜨고 다녀라.
호연	안승규. 조심해.
동순	그만해.
승규	(양궁부 선생님이 올라오는 소리를 듣고) 운 좋은 줄 알아.
	(off) 안녕하세요~.

양궁부 선생님 (off) 어~ 승규야.

호연   이제 화 안 내네.

동순   (활시위를 잡아당기며)

           응…. 이제 저런 놈한테 신경 쓰기도 싫어.

호연   (손뼉 치며) 와아, 이젠 정말 잘 맞추잖아?

동순   그러게, 다 너랑 그 이상한 마법 덕분이야.

호연   응? 에이, 난 그냥… (하는데)

동순   아니, 정말로. (진지하게) 고마워.

호연   (사이, 미소 지으며) 나야말로.

S#56. 교실 ○ 과거, 낮

수경   (off) 동순아, 못 들었어?

           호연이 방학 중에 전학 갔대. 아주 이민 갔다던데?

동순   (호연의 빈 책상을 본다)

S#57. 숲속 아지트 ○ 노을

동순   나 혼자 친구라고 생각했던 거야.

           그러니까 나한텐 말도 없이 가버린 거지.

소리   (안타까운) 미안…. 그런 줄 몰랐어….

동순   (일어서려고 하며) 이제 더 궁금한 거 없지?

소리   잠깐만…!

          어, 저… 혹시… (조심스럽게) 이 열쇠 알아?

          호연이가 편지랑 준 건데….

동순   …!

S#58. 옥상 양궁장 ○ 노을

동순   양궁부 때 썼던 사물함 열쇠야.

          (열쇠를 건네받으며) 아마 정호연 거겠지.

          (사물함을 연다)

소리   (기뻐하며) 있다!

동순   …편지도 찾아줬으니까 진짜 간다.

소리   (눈치도 보이고 미안하다) 고마워….

          (편지를 읽다가 놀라서) 동순아!

동순   (돌아본다)

소리   이 편지 너한테 온 거야!

동순   (긴장한 얼굴로 편지를 받는다)

편시   (Na) 동순아. 이렇게 편지만 남기고 가서 미안해.

          기약이 없어서 얼굴 보고 인사를 못 하겠더라.

          작별 인사를 하고 싶지 않았어.

	언젠가 다시 만날 때까지 건강해.
	너에겐 늘 고마워.
	항상 나의 가장 좋은 친구로 있어줘서.
	너를 아끼는 친구, 호연 씀.
소리	(Na) 길지 않은 편지를 동순이는 읽고 또 읽었다.
	눈물을 흘리진 않았지만…
	기뻐서 우는 것처럼 보였다.

S#59. 옥상 양궁부 연습장 ○ 오후

동순   (사물함에서 장비를 착용하고, 손에 파란 끈을 감는다)

            (끈이 묶인 손을 바라보며 살짝 미소)

            (양궁부 선생님과 잠시 대화하고 양궁부원들과 합류해서 연습한다)

양궁부 선생님 (off) 동순이도 돌아왔으니 다들 열심히 해보자.

S#60. 교실 ○ 오후, 방과 후

담임선생님   (off) 올해 캠프에선 캠프파이어 안 하는 거 알지?

            다음 주까지 부모님 사인 받아 오고.

반 아이들   (off) 네~.

수경   소리야, 내일 보자!

동순   이소리!

소리   어? 갈게!

성준, 지우   (수다 떨며 반을 나가다가 동순과 소리를 보며 씩 웃는다)

동순   (민망해서 노래를 바꾸는 척, MP3 기기를 꺼낸다)

소리   (Na) 동순이와 나는 친구가 됐다.

            정확히는 편지를 같이 찾는 친구.

동순   호란이, 송희도 같이 점심 먹는다며?

소리   응. 호연이가 알려준 등나무로 갔다가 만나게 됐어.

            맞다, 네 시도 알려줬는데.

동순	(놀라며) 시? 무슨 시…? 설마, 별똥별???
소리	(대답 없이 웃는다) 하하.
동순	(부끄러움이 몰려옴) ! 아, 정호연 진짜…!
소리	(동순을 놀리며 '별똥별' 시를 낭독, 도망친다)
	별똥별이 춤을 춘다. 나는 못 추는데.
동순	(하지 말라고 하며 소리를 쫓는다) 야, 하지 마! 이소리 너 진짜~!
소리	일곱 번째 편지는 캠핑장 하늘색 바위 밑에 있다는데.
동순	…. (당황스러운 얼굴로 소리를 바라본다)

S#61. 연못 ○ 오후

소리	어…!
동순	너 전학 오기 바로 전에 물길을 터서
	인공 연못으로 만들었어.
소리	그럼… 편지가 연못 아래 있다는 거야?
동순	(한숨) 응. 호연이도 이건 예상 못 했겠지…. (하는데)
소리	(숨을 내쉬며) 후~. (가방을 내려놓고 몸을 푼다)
동순	뭐 해?
소리	스트레칭. 들어가서 찾아보려고.
동순	….
소리, 동순	(숨이 차서 동시에 물 위로 올라오며) 푸하!
동순	어?…너 머리에 연잎 붙었어. 하하하!

소리   (멋쩍게 연잎을 떼어낸다)

동순   생각보다 쉽지 않네….

소리   응….

동순   그래도 부력 때문에 (바위) 들기는 쉬운 거 같아.

          마저 찾아보자.

소리   응!

소리, 동순   (다시 물속으로 들어간다)

소리   ! (하늘색 바위를 발견한다)

          (숨이 차서 물 위로 올라와 호흡을 가다듬고 다시 물속으로 들어간다)

소리, 동순   (바위를 함께 들어 올리고, 동시에) 찾았다!

S#62. 화원 관리실 ○ 늦은 오후

소리	에취!
순이 기사	그렇게 찾았는데, 다 번져 있었단 거지?
소리	(시무룩한 채 차를 마시며) 네…. (코를 훌쩍인다)
동순	방법이 없을까요…?
순이 기사	흠. 이리 가져와 보렴.
소리, 동순	우와!!! (신기해하는 호흡)
소리	진짜 마녀였네요!
동순	역시 기사님, 최고예요!
순이 기사	좀 더 복원하려면 며칠 걸리겠구나.
	(밝게 웃으며) 나중에 가지러 오렴.

S#63. 강당 앞 ○ 오후

수경   으아~ 드디어 오늘이야!

            실수하면 어뜩해~!

호란   엄살은. 하던 대로만 해.

송희   수경아, 나 플래카드 만들어 왔어.

수경   진짜?

송희   어때?

수경   헐…. (감동…하려다 말고) 야, 이게 뭐야, 청산의 딸이!

소리, 호란   (웃음)

동순   (애들을 바라보다) 나도 이제 양궁장 갈게.

소리   배구 끝나면 바로 응원하러 갈게!

동순   (살짝 부끄러워하며) 괜찮아, 안 와도 돼.

호란   막상 안 가면 서운할 거면서.

동순   아니거든…! 이따 봐.

소리, 수경,

호란, 송희   화이팅!

S#64. 강당, 체육관 – 지역 대표 선발전 ○ 오후

관중들   (응원하는 호흡)

호란, 송희, 소리 (수경을 응원하고 있다)

수경   (강한 스파이크) (성공 후 기뻐한다) 예스!

호란, 송희, 소리 (함께 기뻐한다)

S#65. 옥상 양궁부 연습장 – 지역 대표 선발전 ○ 오후

동순, 승규   (자리에 선다)

소리, 수경,

호란, 송희   (조용히 옥상으로 올라온다)

소리   (작게) 동순아! (입 모양만) 화이팅!

승규   (활을 쏜다)

양궁부 선생님 나인!

동순   (활을 쏜다)

S#66. 등나무 ○ 늦은 오후

소리, 동순,

호란, 송희   (짠! 사이다 캔으로 건배하며) 대표 선발 축하해!

수경   흐아… 떨려 죽는 줄 알았어!

송희   고생했어. 동순이도!

소리   맞아! 둘 다 잘돼서 다행이야.

수경	애들아. 진짜 고마워! 너희가 응원 와줘서 이긴 거 같아!
호란	그럼~ 이거 수경이가 사는 거야?
수경	앗, 그건…!!!
소리, 동순,	
호란, 송희	하하!
수경	(off) (말 돌리려는 듯) 와, 여기 만두 진짜 맛있더라.
호란	(off) 말 돌리긴.
동순	소리야, 나 물 좀.
소리	여기.
송희	(그 모습을 지켜보다) 나 전부터 궁금한 게 있었는데…
	너희 혹시 사귀니?
소리, 동순	(동시에) (짜장면 먹다가 뿜고) 푸핫!
	(사이다 마시다가 사레 걸림) 켁.
수경	그러고 보니 요새 둘이 계속 붙어 다니잖아?!
송희	집에 갈 때도 항상 같이 가고!
소리	(동순에 비해 차분하다) 뭐?
동순	(당황) 그런 거 아냐!
호란	와, 박동순 얼굴 빨개졌는데?
동순	아니라니까!
수경, 송희, 호란	하하하!

S#67. 할머니 집 ○ 저녁

소리   (뛰는 호흡) 다녀왔습니다!

소리 할머니   (웃는 호흡)

소리   (통화 중) 아픈 데는 하나도 없어요.

             걱정하지 마세요. 네, 친구들이랑 파티도 했고,

             곧 캠프도 한대서 기대돼요!

             (사이) (밝게 웃으며) 네. 아빠도요.

S#68. 학교 전경 → 소각장 ○ 밤

누군가(승규)   (불 꺼진 학교에 급하게 달려가 소각장에 무언가를 숨긴다)

S#69. 화원 관리실 ○ 아침

순이 기사   물에 오래 잠겨 있어서… 이것밖에 복원을 못했단다.

소리   (웃는 호흡)

동순   (웃는 호흡) 이 정도면 충분해요!

소리   맞아요! 다음 편지를 찾을 수 있게 됐어요.

동순   지금 바로 찾으러 가자!

소리	（끄덕） 응!
	감사합니다!
동순	정말 감사해요, 기사님!
소리	（off） 근데 소각장이 어디야?
동순	（off） 여기서 가까워.
순이 기사	（웃는 호흡） …저렇게 좋아하는데. 호연이 이놈아….
부하	（하품）

S#70. 소각장 ○ 아침

소리, 동순	있다!
소리	이번엔 꽤 쉽게 찾았다. 그치?
동순	응! 안 쓰는 소각로라 다행이야.
	（봉투 보며） 이번 건 편지가 좀 큰데?
소리	그러게…. 번호도 안 적혀 있고… 마지막 편진가?
	에… 에… 에취!
동순	…괜찮아?
소리	（훌쩍） 감기 기운이 좀…. 이 정도는 괜찮아!
동순	응….
소리	그럼… （동순과 동시에）
동순	그럼 난 일단 양궁부 훈련 다녀올게.
소리	어…?

아, 그렇지! 늦겠다, 얼른 가봐.

동순　　먼저 읽고 있어도 괜찮아!

소리　　아, 아냐.

　　　　(떠나는 동순을 보고) 동순아! 이따 같이 읽어보자!

동순　　(웃음, 다시 나가며) 그래.

소리　　(Na) (웃는 호흡) 말은 그렇게 했지만….

S#71. 교실 + 소각장 ○ 아침

소리　　(교실에서 멍때리고 있다)

　　　　(운동장에서 멍때리다가 그대로 머리에 배구공을 맞는다)

　　　　(공이 날아오자 지웅, 인희, 수경이 피한다)

　　　　(송희가 먹을 것을 권하고, 소리는 멍하니 들고 있던 반찬을

　　　　떨어뜨린다. 그 모습을 옆에서 지켜보는 수경)

도덕 선생님　　인생은 선택의 연속이라고 했어요. 알겠지?

소리　　(멍한 표정으로 반응이 없다)

학생들　　(웅성거리는 호흡)

소리　　(Na) (서랍에서 편지를 꺼내) 살짝만… 살짝만 보는 거야.

　　　　(눈동자가 커진다) !

누군가(승규)　　(소각장 투입구를 열고) 어? 어디 갔지?

　　　　(안쪽을 살펴보다가 편지를 발견하고) 뭐야, 이건?!

S#72. 복도 ○ 오후, 쉬는 시간

동순   시험지?

소리   (놀라서) 쉿!

동순   (장난스럽게) 역시 먼저 열어봤구나.

소리   (당황) 미, 미안…. 근데 지금 그게 중요한 게 아니야!

동순   (봉투에서 시험지를 꺼내보며)

             중간고사는 2주 뒤인데… 어떻게 된 거지?

             유출된 건가?

소리   그런 것 같아…. 우선 호연이 편지부터 찾고,

             바로 교무실에 가져가자.

동순   …알았어.

S#73. 소각장 ○ 늦은 오후

소리   아무것도 없어.

동순   내가 다시 한번 찾아볼게.

승규   (off) 편지? 니들이 찾는 거야?

             그럼 내 걸 가져간 것도 너희겠네?

             서로 돌려주고 쌀끔하게 끝내자.

소리   (Na) 이 애… 느낌이 안 좋아.

             우… 우린…

동순	우린 모르는 일이야.
소리	(동순을 본다)
동순	편지 돌려줘.
승규	(사이) 많이 뻔뻔해졌네, 박동순.
	이젠 표정 하나 안 바뀌고 거짓말하냐?
	그 전학 간 정호연이 쓴 편지 같던데. 나도 좀 읽어봤거든.
	무슨 장소 같은 걸 써놨더라.
동순	(간절한) 우리한텐 중요한 편지야.
	돌려줘, 부탁할게.
승규	그렇게 붙어 다니더니 전화번호 하나 안 남겼냐? 너무하네.
	(동순의 어깨를 툭 치며) 하여튼 안쓰럽다, 박동순.
	이번에도 혼자 친구라고 착각했던 거 아냐?
동순	! (눈동자가 흔들린다)
소리	(승규를 밀치며) 너!
승규, 동순	(놀라서 본다)
소리	너, 돌려받기 싫어? 시험지나 훔쳐놓고 뭐가 그렇게 당당해?
	돌려받고 싶으면 행동 똑바로 해!
승규	(보다가, 소리 손 쳐내며) 좋아.
	너희가 가지고 있는 건 확실하네.
소리	(아차 싶다) …너, 선생님한테 (다 말씀드릴 거야)
승규	말해. (동순 보며) 방화범 말을 믿을까, 내 말을 믿을까?
소리	! (눈동자가 흔들리며, 동순을 바라본다)
승규	이번에 걸리면 퇴학이려나?
동순	….

승규   (비웃으며) 내일 캠프 시작하면 여기로 가지고 와.

소리   (고개 푹) …미안해, 동순아.

            힘들게 참았을 텐데… 내가….

동순   (웃으며 말하는) …아니야. 고마워, 화내줘서.

S#74. **기찻길** ○ 저녁

소리   (Na) 내가 또 망쳐버렸어.

옳은 일이라고 생각해서 나설 때마다

상황이 더 나빠지는 것 같아.

그때도 결국, 그렇게 돼버렸고.

상황을 이겨낼 힘도 없으면서

목소리를 낸 게 문제인 걸까.

지민이도 동순이도

사실 날 원망하고 있는 건…. (연이어 호흡)

호연이 편지….

돌려받지 못하면 다음 편지도 찾을 수 없겠지.

동순이도 그렇게 편지를 원하는데….

이번만 눈 감고 넘어가자.

옳다고 생각한 행동이 상황을 나쁘게 만든다면,

그건 처음부터 옳은 일이 아닐지도 몰라.

S#75. **할머니 집, 소리의 방** ○ 저녁

소리   …다녀왔습니다.

(방 안에서 한 통의 편지를 보고) …!

(Na) (속으로) 어?… 번호가 없어….

그렇지…. 호연이 편지일 리가 없는데…. (하다가)

어? 지민이!

S#76. 지민의 편지

지민   (Na) 소리야, 안녕. 잘 지내니?

              난 여기서 그럭저럭 적응해 가고 있어.

              친구도 몇몇 사귀고 밥 먹거나 등하교도 같이 해.

지민, 지민 단짝 1, 2 (웃는 호흡)

지민   (놀란 호흡)

              (Na) 같은 반 친구들도 좋은 애들 같아.

              하지만 여기에도 괴롭힘은 있더라.

              내가 당하는 게 아닌데도 너무 무서웠어.

지민중 일진   이 새끼 봐라. 뒤지고 싶냐?

              갖고 오라고 했으면 갖고 와야 될 거 아냐.

지민   (Na) 누군가를 해치는 말들은 내가 들었던 것과

              다르지 않아서,

한월 일진   야. 야!

지민   (Na) 마치 내 등 뒤에서 말하는 것처럼 가깝게 들렸어.

              (속으로) 무서워….

              얼마나 용기가 필요한 일인지 알겠어.

              …!

(Na) 눈물이 날 것 같다. 소리에게 고마워서.

그만해.

(순간 지민의 모습이 소리와 겹치며, 단호하게)

하지 말라고 하잖아!

지민중 일진	뭐? 이게 미쳤나? 전학생 주제에 어디 껴들어?
지민 반 친구1	맞아. 그만 좀 해라.
	할 짓 없냐? 왜 남의 반에서 그래?
지민 반 친구2	그래! 왜 우리 반에 와서 난리야!
지민 반 친구3	너 일진 놀이하는 거 진짜 꼴 보기 싫거든?
지민 반 친구4	(소심하게) 맞아! 우리 반에서 나가!
지민 반 친구5	(off) 언제까지 그러고 다닐래?
지민 반 친구6	(off) 친구나 괴롭히고⋯ 창피하지도 않냐?
지민 반 친구2	(off) 그래. 뭐 하는 거야 진짜! 맨날.
지민 반 친구3	(off) 저게 무슨 민폐야⋯!
지민	(Na) 여긴 소리 너처럼 도와주는 친구들이 있었어.
	흑⋯ 흐흑⋯. 미안해, 소리야⋯. 나 때문에⋯.
소리	⋯. (속을 알 수 없는 뒷모습)
지민	(Na) 내가 다른 사람의 부당한 일에 나서서
	그만하라고 할 수 있었던 건⋯
	모두 네 덕분이야.
소리	(미소 지으며) 네가 왜 미안해.
지민	(Na) 네가 나에게 그렇게 해주었기 때문에,
	(보다가) ⋯. (그 말에 더 미안해서 우는) 흐어엉⋯ 흐흑⋯.
	(Na) 나도 다른 사람에게 할 수 있었어.

S#77. 할머니 집, 소리의 방 ○ 저녁

지민   (Na) (편지) 고마워.

소리   (눈물 흘리는) 엉엉….

         (Na) 지금 나에게 가장 필요한 말이었다.

S#78. 놀이터 ○ 밤

소리   동순아, 어떻게 생각해?

동순   난 돌려주지 않는 게 맞는 것 같아.

소리   ….

동순   호연이도 그런 식으로 편지를 얻는 건

         바라지 않을 거야.

소리   …응. 그럼… 넌 괜찮겠어?

동순   잘못된다고 해도 후회는 없어.

         네 덕에 호연이 소식을 알게 된 것만으로도 좋았으니까.

소리   ….

동순   그리고 안승규한테 돌려받지 않아도

         우리끼리 찾을 수 있지 않을까?

         너만 괜찮다면… 감기 나은 뒤에 편지를 계속 찾아보고

         싶은데.

         (손을 내밀며) 어때?

소리	(웃으며) 좋아. (일어나서 손을 잡는다) 나도 마지막 편지까지
	찾아서, 호연이에게 고맙다고 말하고 싶어.
	콜록, 콜록…!
동순	괜찮아? 내일 캠프도 있는데, 더 심해지기 전에 그만
	돌아가자.
소리	응.
	(차분하게, 결심한 표정) 동순아, 나한테 생각이 있는데….
동순	…?

S#79. 학교 운동장, 캠프 → 소각장 ○ 오후

수경	왔어? 어? 소리 어딨지? 곧 피구 시작하는데?
송희	어? (두리번) 동순이도 없는데?
동순	약속대로 편지 돌려줘.
승규	(편지 봉투를 꺼내 라이터 불로 태워버린다)
동순, 소리	(놀란 호흡)
동순	야, 안승규!
	뭐 하는 거야, 약속하고 다르잖아!
승규	(비웃고) 그걸 믿었냐? 생각보다 순진하네.
소리	(승규를 보며) 시험지 훔친 거, 계속 숨길 수 있을 것 같아?!
승규	뭐, 증거 있어?

소리　　(눈동자 흔들린다)

동순　　결국엔 다 밝혀질걸.

승규　　(화나서) 뭐?

동순　　너도 알잖아, 이건 실수로 넘어갈 일이 아닌 거.

　　　　화원에 불 지르고 시험지까지 훔치는 건…

　　　　네가 감당할 수준을 넘었어.

승규　　(강하게 멱살 잡고) 주제 파악해, 박동순.

　　　　내가 한 짓이 그렇게 거슬렸으면,

　　　　왜 네가 했다고 나선 건데?

　　　　(동순을 밀치며) 오늘도 시험지 들고 찾아온 건 너야.

　　　　(시험지 봉투를 열어보고) …하, …빈 봉투?

　　　　이 새끼가 진짜…!

소리　　하지 마!

　　　　(동순의 카세트 플레이어를 보여주며)

　　　　아까 대화도 전부 녹음됐어.

　　　　그러니까 그만둬.

승규　　(표정이 살벌해지고) …재밌네.

동순　　(승규를 붙잡으며) 소리야! 가!

소리　　(그 자리를 피해 달린다)

승규　　(동순을 뿌리치고 소리를 쫓는다) 이거 놔!

S#80. 학교 운동장, 캠프 조별 활동 ○ 오후

승규   (쫓아가는 호흡)

소리   (다급한 호흡)

청량중 학생1, 2 꺅!

승규   (숨 가빠하는 호흡) 하아~ 거기 안 서?!

저지   엉?

마스크   쏭규? (하며 텐트 밖으로 고개 내민다)

마스크, 저지   (소리 앞을 막아선다)

소리   (끽! 멈추고 다시 두리번거린다)

승규   (낮지만 살벌한 목소리로) 내놔.

소리   안 돼. (카세트 플레이어 쥔 손을 뒤로 숨긴다)

동순   그만둬!

동순, 승규   (함께 텐트 위로 넘어지고, 플레이어에서 튀어나온 테이프는

            동순의 손에 넘어간다)

승규   내놔, 이 새끼야!

            내놓으라고!!!

소리   그만해!!!

수경, 호란, 송희 (소리의 목소리가 들린 쪽으로 고개를 돌린다)

승규   (주변을 살피며) 이, 씨…. 조용히 안 해!

소리   네가 한 일들 다 책임져.

승규   (뻔뻔하게) 내가 뭘?

소리   화원에 불 지른 것도 너고, 이번 시험지 유출까지!

            다 너잖아!

마스크	(당황) 너 미쳤어?
	(날아온 피구 공에 맞는다) 아!
수경	(달려오며) 야! 무슨 짓이야?
승규	아, 씨…. 빨리 내놓으라고!
	(동순에게 테이프를 빼앗아 릴을 뽑아낸다)
담임선생님	(off) 거기 뭐 해!
승규	(멈칫) !!! (돌아보면)
아이들	소리야, 괜찮아?
소리	동순아, 괜찮아?
동순	(끄덕이며) 응.
담임선생님	안승규, 이게 무슨 짓이지?
승규	(여유롭게 승리의 미소) 아 선생님, 친구끼리 얘기 좀 하다가 감정이 상해서….
카세트	(음성 재생) 화원에서 불 지르고 시험지까지 훔치는 건… 네가 감당할 수준을 넘었어. 주제 파악해, 박동순. 내가 한 짓이 그렇게 거슬렸으면 왜 네가 했다고 나선 건데?
승규	(당황하며 빼앗은 테이프를 주머니에서 꺼내 보면, 녹음테이프가 아닌 평소에 동순이가 듣는 음악 테이프다) (당황) 선생님. 그러니까요, 이건….
동순	다 끝났어, 안승규.
소리	(Na) 며칠 후 안승규는 퇴학 처분을 받았다.

S#81. 학교 운동장, 캠프 ○ 오후

담임선생님　　캠프는 내일 다시 하기로 했으니까

　　　　　　　오늘은 다들 집에 돌아가고, 내일 보자.

청량중 학생들　네~!

동순　　　　　（편지 조각을 보며）…순이 기사님도 이건 복원할 수 없겠지?

소리　　　　　아쉽다…. 호연이의 편지. 단서라도 찾고 싶었는데….

　　　　　　　（말하다가 콜록콜록 기침）

동순　　　　　…괜찮아, 소리야?

소리　　　　　응….

동순　　　　　우리도 이제 집에 가자.

소리　　　　　응…. （의식이 흐려진다）

동순　　　　　（소리 보며）소리야! 소리야! 이소리!!!

S#82. 청산병원 ○ 늦은 오후

의사 선생님　　며칠 안정을 취하면 괜찮아질 거야.

소리　　　　　감사합니다, 선생님.

의사 선생님　　（안경 벗어서 주머니에 끼우며）

　　　　　　　오랜만이지만 반가울 수가 없구나….

　　　　　　　소리야, 어떻게 치료했는데 또 입원하면 어떡하니….

소리　　　　　죄송해요….

의사 선생님   그럼 얼른 낫도록 해.

　　　　　　　아버지도 오늘 오신다니까 푹 쉬고 있어.

소리　　　　　(웃으며) 네.

　　　　　　　동순아! 캠프는?

동순　　　　　(머쓱해하며 눈을 피한다) 그냥 조퇴했어…. 너도 걱정되고.

　　　　　　　몸은 좀 어때?

소리　　　　　괜찮아. 며칠 쉬면 된대.

동순　　　　　다행이다. 의사 선생님이랑 친해 보이더라.

소리　　　　　아, 어릴 때 여기 오래 입원해서 그래.

동순　　　　　(약간 놀라서 걱정스럽게) 어디 아팠어?

소리　　　　　아… 옛날엔 몸이 많이 약했거든. 지금은 괜찮아.

동순　　　　　(살짝 다행이란 표정으로) …그래….

　　　　　　　아, 이거 받아. 다른 애들이 전해주래.

송희　　　　　(off) 소리야~ 병원 밥 맛없지? 맛있는 거 싸 갈게!

수경　　　　　(off) 같은 조여서 기대했는데 너무 아쉽다.

호란　　　　　(off) 퇴원하면 우리끼리 캠프 하자, 빨리 나아!

소리　　　　　(감동한 표정) …고마워.

동순　　　　　너 퇴원하면 편지 찾기 계속하자.

　　　　　　　…편지 찾기라고 하니까 꼭 보물찾기 같네.

소리　　　　　그러게. 여기 입원했을 때 많이 했어. 재미있었는데.

동순　　　　　보물찾기 잘했나 보네?

소리　　　　　막 어렵게 숨겨져 있신 않았거든.

　　　　　　　우리가 잘 찾아내도록 예상할 수 있는 장소에

　　　　　　　숨겨주셨으니까.

동순   예상할 수 있는….

         (사이) ! (깨달은 듯 눈 커지고) 소리야!

         혹시 편지가 있던 장소들 다 기억해?

소리   응? 그럼! 첫 번째는-

         내 책상 밑,

         두 번째는 네 시가 있던 문집 안,

         세 번째는 순이 기사님,

         네 번째가 토끼장,

         다섯 번째는 아지트,

         그다음은 양궁부 사물함,

         캠핑장이었던 연못,

         소각장.

동순   ! (일어난다)

소리   (동순을 본다)

동순   (사이) 알 것 같아. 다음 편지가 어디 있는지.

소리   정말?

동순   (끄덕) 응.

S#83. 학교 앞 → 뒷산 ○ 저녁

동순   (off) 다녀올게.

         (Na) 소리의 책상은 호연이가 마지막으로 있던 자리였어.

편지의 위치는

교실, 도서관, 화원, 토끼장, 아지트, 양궁부, 캠핑장, 소각장.

호연이랑 함께한 곳들을 거슬러 가면 돼!

그럼, 다음 편지가 있는 곳은…

처음 날 찾았던 장소.

타버린 편지에 정확한 위치가 있었을 텐데.

(장소를 찾아 헤매는 호흡)

(산길을 헤매다 발을 헛디디며 떨어진다)

으악! 으아앗! 윽….

(Na) 그 녀석은 날 어떻게 찾았더라….

어? (바라보는 호흡)

호연	(off) 반딧불은 만나고 싶은 사람을 찾게 해준대.
동순	! (몸을 일으킨다)

S#84. **학교 운동장, 캠프** ○ 밤

학생들	와, 반딧불이다! 와~!

S#85. 고목 ○ 밤

동순　　　　보인다…. 어딘지 알 것 같아.

　　　　　　찾았다!

　　　　　　(편지를 펼쳐보고 놀란다)

S#86. 청산병원 복도 + 공중전화 부스 ○ 밤 - 교차

소리　　　　여보세요. (사이) 동순아!

　　　　　　(사이) 진정하고 천천히 말해봐.

동순　　　　호연이. 이민 간 게 아니었어.

소리　　　　(듣는다)

동순　　　　(눈물 흘리며) 수술… 수술받으러 간 거였어.

　　　　　　(off) (전화기) 어릴 때 병이 재발한 거래.

소리　　　　…!

동순　　　　…마지막 열 번째 편지 장소는,

　　　　　　(off) (전화기) 지금 네가 있는 청산병원 옥상 정원이야!

소리　　　　?!

동순　　　　아홉 번째 편지는 나랑 처음 만난 장소에 있었어.

　　　　　　그러니까 마지막 편지는 내가 모르는 곳이야.

소리　　　　…. (듣고 있으면)

동순　　　　너 예전에 이 동네에 살았고,

그 병원에 오래 입원했다고 했지.

소리   !!!

동순   (off) 그때 호연이 만난 적 없어?

S#87. 청산병원 계단 → 옥상 ○ 밤

소리   (계단을 올라가는)

동순   (off) 호연이는 처음부터 그 자리에 앉을 이소리,

             너한테 편지를 쓴 거였어.

어린 소리   (옥상 문을 연다)

어린 호연   (눈부신 호흡)

S#88. 청산병원 소아과 옥상 ○ 과거

의사 선생님   자, 이번 놀이는 보물찾기예요!

어린 소리,

환아들   와아~!

의사 선생님   나무 뒤나 돌 아래를 살 살펴보세요! 재밌게 찾을 수 있죠?

어린 소리,

환아들   네에~!

어린 호연	(놀란 호흡)
어린 소리	(손으로 브이!) 얘들아!
환아1	와! 소리 좀 봐. 다섯 개나 찾았어.
어린 소리	히히~!
환아1	이소리~ 나도 하나만!
어린 소리	(메롱 하며) 싫어~.
환아2	어떻게 다섯 개나 찾은 거야?
어린 소리	그건~ 엄청 쉬워! (허리 숙이며) 이~렇게 보면서 찾으면 돼.
환아1	이렇게? (소리, 도망가고) 앗!
	기다려!
어린 소리	(숨어서 지나가기를 지켜보는) 헤헷!
	(풀밭의 부스럭 소리에 반응하는) ?
	와!
어린 호연	(움찔!)
어린 소리	우와! 너 숨기 좋은 곳을 잘 찾는구나?
어린 호연	…. (그 말에 기분이 좋아 얼굴이 발그레해진다)
어린 소리	들어가도 돼?
어린 호연	(당황)
호연	(Na) 그때, 소리를 처음 만났다.
어린 소리	와~ 진짜 멋지다! 우리가 엄청 작아진 것 같아!
어린 호연	어….
어린 소리	너 걸리버 여행기 읽어봤어?
	내가 제일 좋아하는 책인데~ 여기서 읽으면 진짜 재밌겠다.
	아, 있잖아! 여기를 우리 아지트로 하면 어때?

병원에 내 아지트가 네 개 더 있는데, 너도 들어오게 해줄게!

어린 호연   음…. (고민) 그래.

어린 소리   좋아!

이제부터 여긴 우리의 다섯 번째 아지트다!

나가서 다른 아지트도 구경해 볼래?

어린 호연   시… 싫어….

어린 소리   왜?

어린 호연   나가면 주사 맞아야 돼….

어린 소리   (복주머니를 꺼내며) 음~ 그럼,

이거 다 너 줄게.

어린 호연   (영롱한 광채에 사로잡힌다)

어린 소리   (수풀에서 나가며) 놀자!

S#89. 청산병원 소아과 병실 + 옥상 ○ 과거, 밤 – 몽타주

호연   (Na) 소리는 날 병원 구석구석 데리고 다녔고,

무서웠던 병원을 좋아할 수 있게 해줬다.

어린 소리   빨리 와~!

어린 호연   어?

어린 소리   엄청 큰 거인이 있었는데!

(호연의 식판을 가져간다)

어린 호연   (밥상을 올리다가 밑에 붙은 유령 그림을 보고) 흐아아악!

어린 소리	하하하하!
어린 호연	(겁난 목소리) 소리야….
어린 소리	쉿!
어린 호연	(겁내며) 또 무서운 장난치는 거 아니지?
어린 소리	(장난스럽게 웃으며) 아니라니까~ 다 왔다!
어린 호연	뭐 하는 거야…?
어린 소리	(호연 눈을 가리고 있던 손을 치우며) 짠~!
어린 호연	(반딧불 무리를 보고) 와!!! 예쁘다….
어린 소리	(반딧불을 잡아서 호연에게 보여주며) 그거 알아?

반딧불은 만나고 싶은 사람을 찾게 해준대.

어린 호연	(눈 동그래져서) 진짜?
어린 소리	응. 그러니까 우리가 만약 헤어져도,

다시 만날 수 있을 거야.

어린 호연	(off) ….

소리 아빠	소리야.
어린 소리	콜록, 콜록!
소리 아빠	여기, 여기… 천천히….
호연	(Na) 지켜보기 힘든 날도,

버티기 힘든 날도 많았지만

소리가 있어 좋은 날도 많았다.

어린 호연	(괴로운 호흡)

어? (환한 호흡)

S#90. 청산병원 소아과 병실 ○ 과거, 낮

환아1   소리야, 퇴원 축하해!

환아3   좋겠다. 나가서 맛있는 거 많이 먹고….

환아4   축하해~!

어린 소리   고마워, 애들아~.

호연   (Na) 소리가 퇴원한다니 어린 마음에 심통이 났다.

                혼자 남겨졌다는 생각과 소리가 없으면

                외톨이가 될 거란 생각에서였다.

어린 소리   (off) ….

어린 호연   (멀리서 소리를 보다가 돌아서 간다)

                (아지트에서 흐느끼며 운다)

                (다시 내려와 소리의 비어 있는 침대를 보고 시무룩해져

                혼자 종이접기를 한다)

                (상 밑에 소리의 편지를 발견)!

                (놀라서 보다가 미소 짓는다)

호연   (Na) 네가 숨처럼 내쉬는 작은 호의들을

                난… 평생 기억할 것이다.

                난 반년 뒤 퇴원했고, 초등학교, 중학교까지

                다닐 수 있었지만, 내 병은 중3 여름에 재발했다.

S#91. **청량중 화원** ○ 과거, 3학년 여름방학, 오후

순이 기사　　호연아. 정말 친구들한테, 동순이한테도 안 알릴 거니?

호연　　　　(사이) …네. 기사님도 비밀로 해주세요.

　　　　　　동순인 곧 대표 선발전도 있잖아요.

　　　　　　(사이) 수술 결과가 어떨지 모른다고 했으니까요.

순이 기사　　(사이) 그래. 네 뜻이 그렇다면야….

부하　　　　(쫄래쫄래 따라와서 우는) 냐아아옹~.

순이 기사　　부하도 서운한가 보구나.

호연　　　　(슬픈 미소를 지으며 부하를 부드럽게 안아준다)

S#92. **교무실** ○ 과거, 늦은 오후

담임선생님　(걱정스레 보는) 그래…. 수술 잘 끝나길 바랄게.

　　　　　　몸조리 잘하고….

호연　　　　(편안하게 웃으며) 감사합니다, 선생님.

　　　　　　(하고 돌아서다가 소리의 전학용 서류를 보고)

　　　　　　(다급하게) 선생님!

담임선생님　응?

호연　　　　이 애… 전학 오는 건가요?

담임선생님　아아, 그래. 2학기에 오니까 수술받으러 갔을 때겠구나.

　　　　　　아참. 어릴 때 이 동네 살았다고 하더라.

호연　　　　　（Na）그 애다. 이름은 기억이 흐릿하지만… 확실해.

담임선생님　　그러니까 네가 앉았던 자리에 앉게 해달란 거지?

　　　　　　　그거면 되니?

호연　　　　　네. 부탁드리겠습니다.

S#93. **청량중** ○ 과거, 오후 – 몽타주

호연　　　　　（Na）조금만 더 늦게 재발했더라면.

　　　　　　　내가 사랑하는 이곳을 너희 둘과 다닐 수 있었을 텐데.

　　　　　　　아니. 이런 생각은 말아야지.

　　　　　　　수술이 잘 끝나서 만나면 되는 거니까.

　　　　　　　소리는 책을 좋아하니까 금방 찾아내겠지.

　　　　　　　보물찾기도 잘했으니까.

　　　　　　　동순이랑도 금방 친해질 거야.

　　　　　　　그래도 역시 조금 아쉽다.

소리, 동순　　（웃으며 호연 옆을 스쳐 지나간다）

호연　　　　　（Na）（사이）내가 죽기라도 하면….

S#94. 청산병원 옥상 + 수술실 복도 + 공중전화 부스 ○ 밤 – 교차

소리   (옥상 문을 열고 달려 나온다)

호연   (수술실로 향하고 있다)

             (Na) 몰랐으면 하는 마음,

             알았으면 하는 마음,

             너희가 상처받지 않았으면 하는 마음,

             응석 부리고 싶은 마음,

             외로울까 봐 무서운 마음.

             편지를 찾았으면 좋겠다,

             못 찾았으면 좋겠다.

동순   (공중전화 부스에서 눈물 흘린다)

호연   (Na) 나를 잊었으면,

소리   (수풀 속에서 편지를 찾아서 읽고 눈물 흘린다)

호연   (Na) 나를 기억했으면.

             나를 보러 왔으면.

S#95. 교실 ○ 낮, 수업 시간

소리   (Na) 기차 시간은 마지막 편지를 발견하고 나를 뒤였다.

S#96. 청산병원 + 청량중 일상 - 몽타주

소리   (Na) 그토록 바라던 마지막 편지를 찾았지만,

             정말 마지막일지도 모른다는 생각에

             우리는 나흘 동안 아무 말도 할 수 없었다.

             우리가 겪은 일들이 꿈처럼 사라질까 봐.

             호연이를 볼 수 없을까 봐.

S#97. 청산역 + 기차 안 ○ 아침 → 오후

방송   지금 들어오는 열차는 녹우행 열차입니다.

             녹우행 열차 탑승객분들은 3번 플랫폼에서 탑승하여

             주시기 바랍니다.

             (열차가 녹우역에 들어서면)

             이번 역은 이 열차의 종착역인 녹우, 녹우역입니다.

소리   (긴장한 호흡)

동순   (긴장한 호흡)

S#98. 녹우역 플랫폼 ○ 오후

소리, 동순   (플랫폼을 헤매다 호연을 발견하고 달려간다)

소리   (Na) 찾았다!

S#99. [에필로그] 호연의 졸업식 ○ 오전

부하   (내리는 눈을 잡으려다가 코에 떨어진 눈을 털어낸다)

수경   보고 싶었어.

송희   (카메라를 보고) 어?

수경, 송희, 호란, 순이 기사 (포즈 잡는다)

동순   호연이가 학교 앞에서 부하랑 똑같이 생긴

             고양이를 봤다던데.

소리   진짜?

동순   (카메라를 보고) 어?

             (카메라를 뺏어서) 자!

             (한 명 한 명 카메라 프레임 안으로 들어온다)

수경   나도, 나도!

소리   빨리 와!

동순   하나, 둘~ (찰칵!)

End.

〈연의 편지〉의 장면들이 태어나기까지

캐릭터 디자인 및 설정

얼굴 및 표정 디자인

일자핏
옆트임

박동순

얼굴 및 표정 디자인

양말 길이
청랑중

얼굴 및 표정 디자인

얼굴 및 표정 디자인

청량중

얼굴 및 표정 디자인

지민중 일진
지민 반 친구1
지민 단짝1
지민 단짝2
지민 반 친구3
지민중 일진 친구
지민 반 친구2

얼굴 및 표정 디자인

이수경

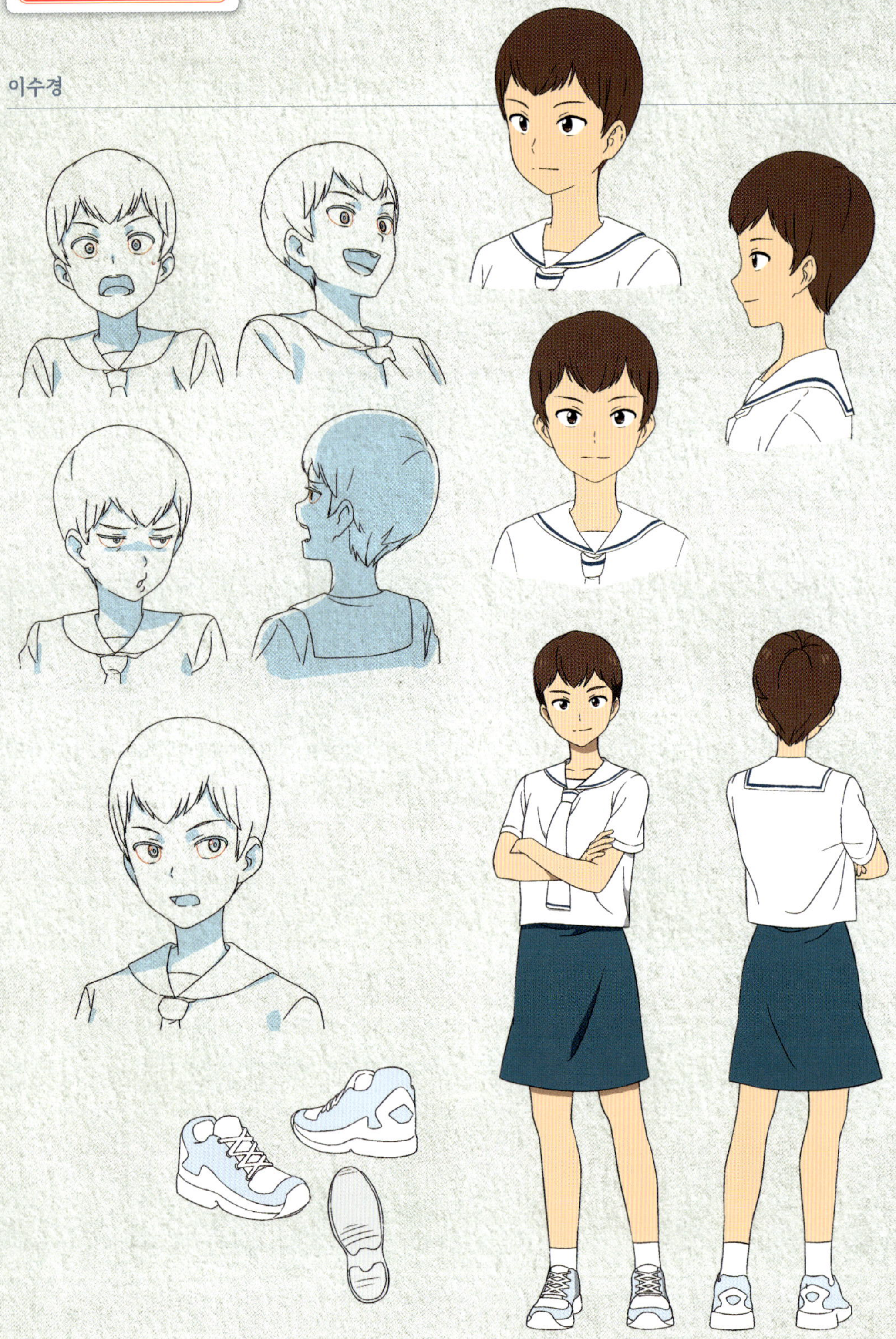

승규 친구1 (마스크, 정세준)

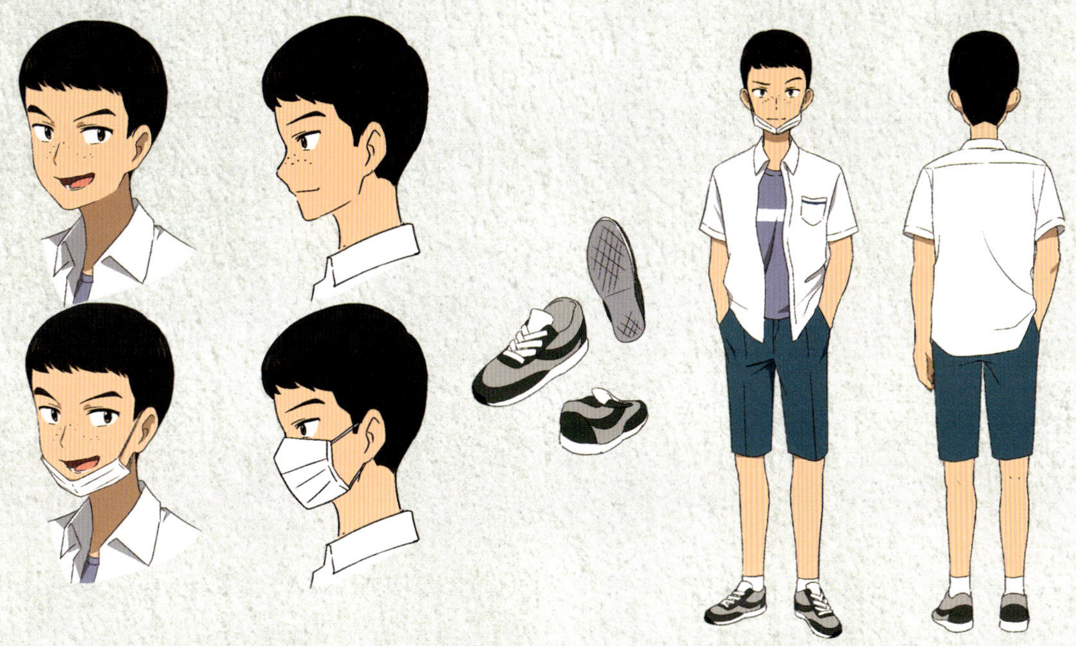

승규 친구2 (저지, 김관웅)

한울중 일진

담임선생님

청리향

청리향
청리향
37cm
46cm
로고 스티커
청리향

부하
눈
털
귓속
코, 젤리
머리 큰 미남 고양이
젤리 색상
평소 표정
쿨시크
부하 신장: 소리 무릎 정도
45cm

식빵 자세
팍팍팍
동공 축소됨
가웃

사육장 토끼들

수염색 공통
털색의 명도에 따라 귀 안쪽,
눈 컬러가 다름
초코
누리
레오
바둑이
슬기
로미오
우사인
머루
까망이
덩치 큰 편

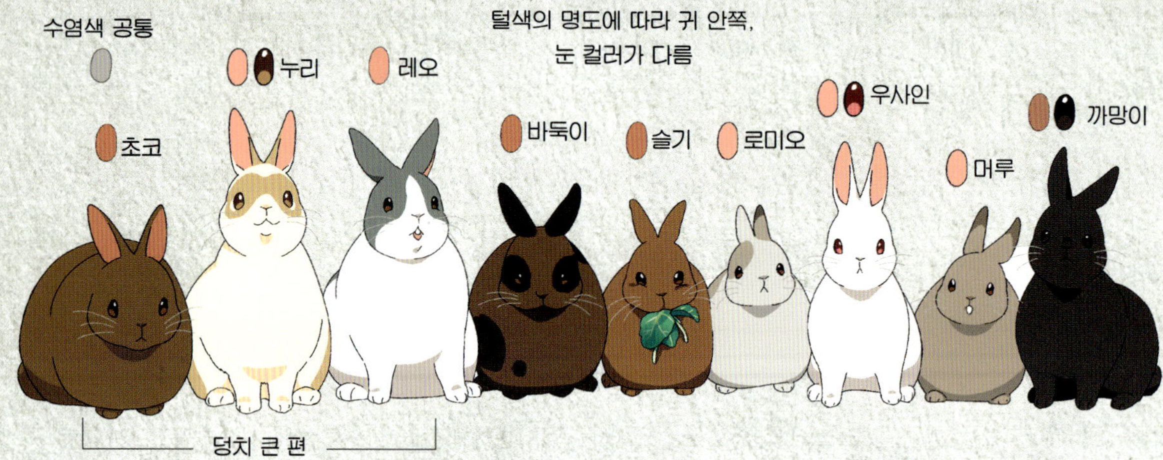

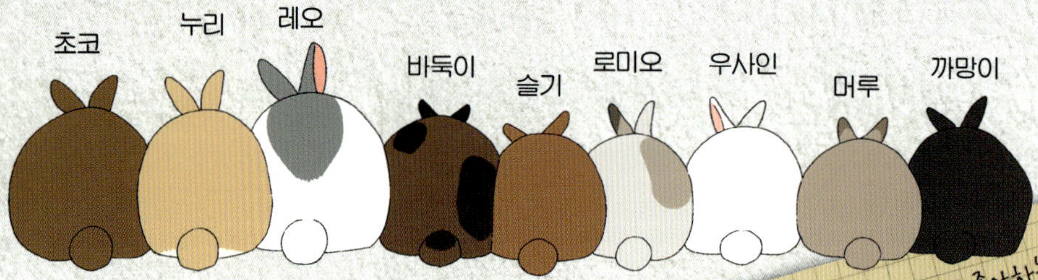
초코
누리
레오
바둑이
슬기
로미오
우사인
머루
까망이

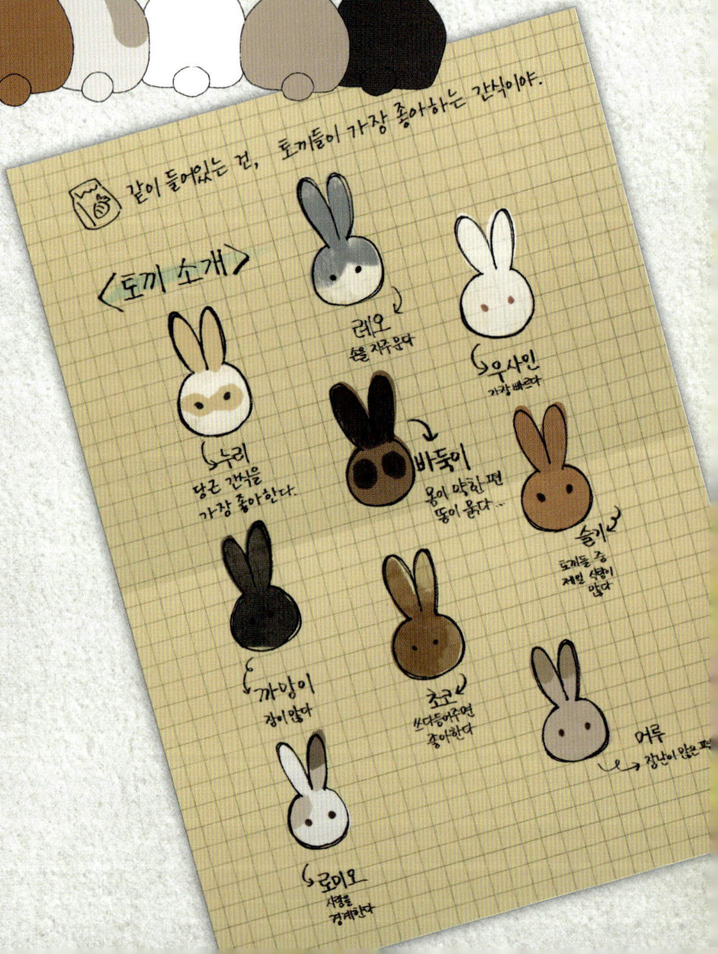
같이 들어있는 건, 토끼들이 가장 좋아하는 간식이야.
〈토끼 소개〉
레오
손을 자주 문다
우사인
가장 빠르다
누리
당근 간식을
가장 좋아한다.
바둑이
몸이 약한 편
똥이 묽다…
슬기
토끼들 중
제일 식탐이
많다
까망이
잠이 많다
초코
쓰다듬어주면
좋아한다
머루
장난이 많은
로미오
사람을
경계한다

소품 디자인 및 설정

편지

편지 크기 비교

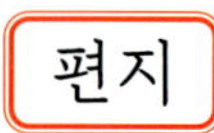

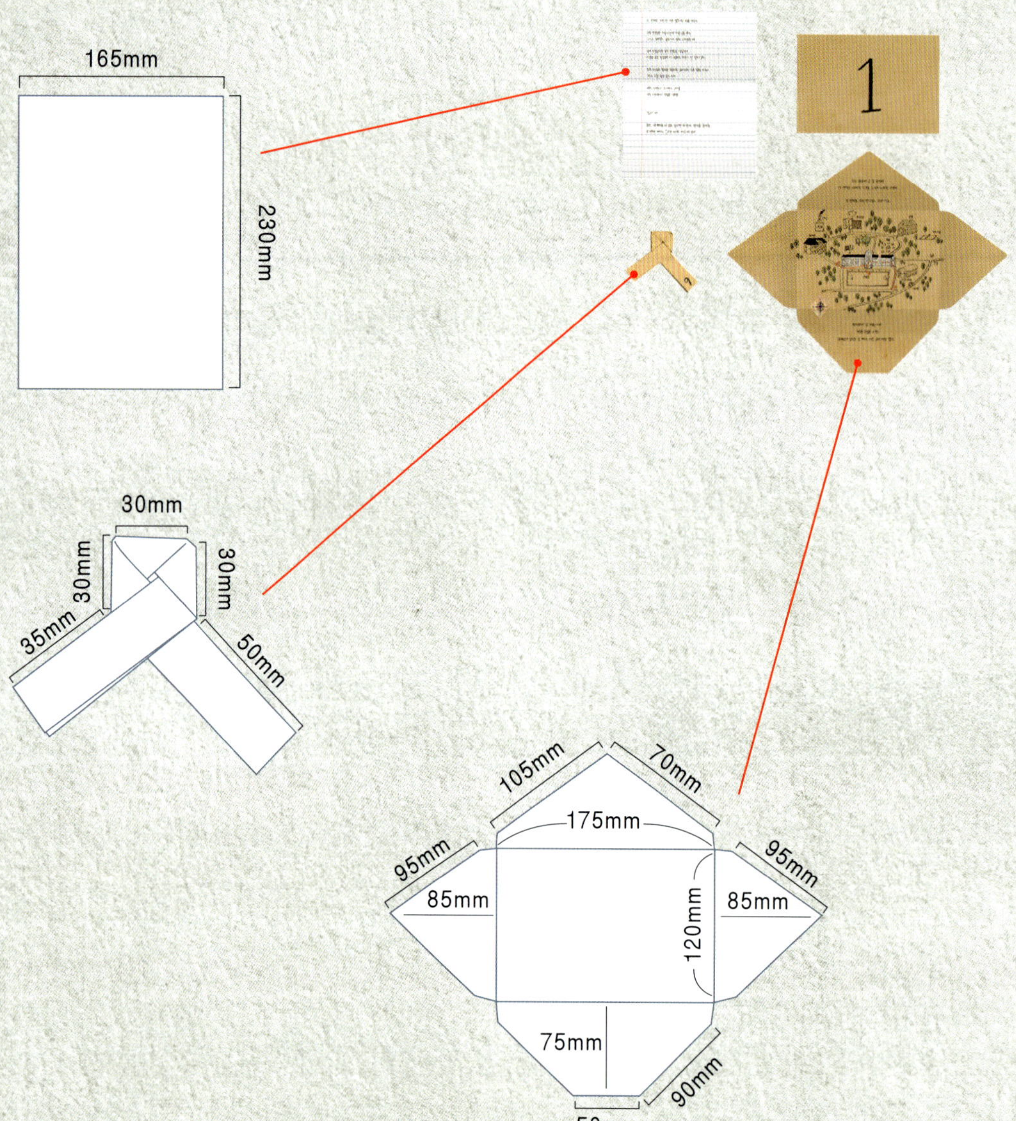
165mm
230mm
1
30mm
30mm
30mm
35mm
50mm
105mm
70mm
175mm
95mm
85mm
120mm
85mm
95mm
75mm
90mm
50mm

"호연이 어떤 마음과 감정으로 소리에게 편지를 보냈을지, 그
내용은 무엇일지 깊이 고민했습니다. 영화에서는 일부만 등
장하지만, 각본가님과 함께 편지 열 통의 글을 전부 완성했습
니다. 또한 그래픽디자인 총괄 아티스트가 편지를 실제로 만
들어보고, 한 자 한 자 손 글씨로 써 내려가며 호연의 감성을
온전히 담아내고자 했습니다."
— 김용환 감독

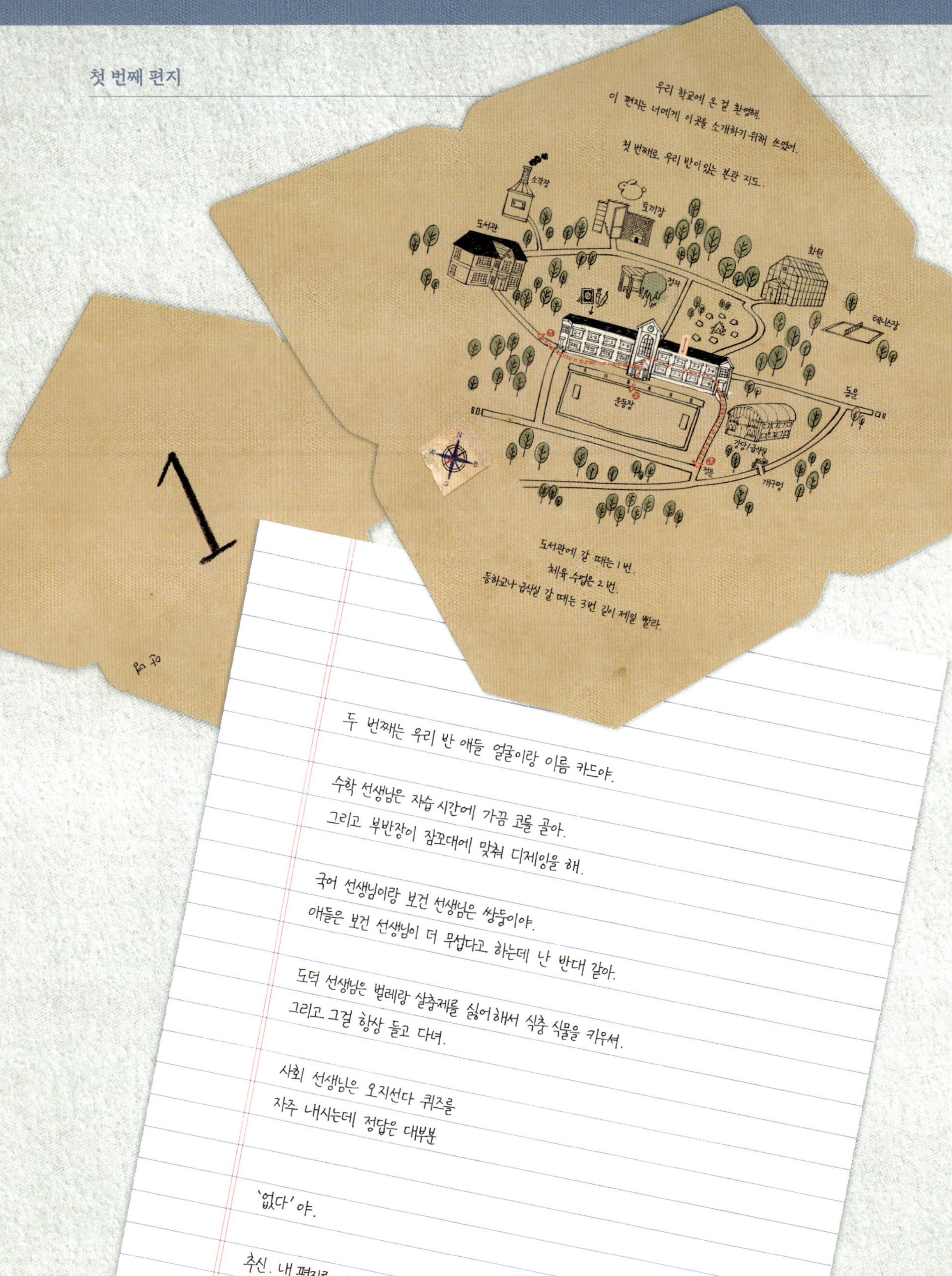

두 번째는 우리 반 애들 얼굴이랑 이름 카드야.

수학 선생님은 자습 시간에 가끔 코를 골아.
그리고 부반장이 잠꼬대에 맞춰 디제잉을 해.

국어 선생님이랑 보건 선생님은 쌍둥이야.
애들은 보건 선생님이 더 무섭다고 하는데 난 반대 같아.

도덕 선생님은 벌레랑 살충제를 싫어해서 식충 식물을 키워서.
그리고 그걸 항상 들고 다녀.

사회 선생님은 오지선다 퀴즈를
자주 내시는데 정답은 대부분

'없다' 야.

추신. 내 편지를 더 읽고 싶다면 두 번째 편지를 찾아줘.
두 번째 편지는 [819.93 학. 99] 에 있어.

3-2
김찬우
강해찬
김승태
이수경
정효원
정선우
오주희
박훈
이인희
최정민
송승지
한지웅
방송이
김종훈
김민재
주정민
이라온
박도담
서도연
김지우
배성준
양은택
국어
도덕
사회
수학
영어
체육

두 번째 편지를 찾아줘서 고마워.

[백일장 문집, 걸리버 여행기, 모두 깜언, 국경 없는 마을, 봄비 내리는 날, 야생초 편지]

내가 재밌게 읽은 책들이랑 국어 선생님이 추천해주선 책 목록 인데, 백일장 문집도 그 중 하나야.

편지를 넣어둔 페이지에 있는 건 내가 가장 좋아하는 시야.

너도 좋아할지 궁금해.

학교에서 일해주시는 분들 성함이랑 얼굴이야.

난 특히 '김순이 기사님' 이랑 친했어.

꽃차를 좋아하셔서 주위에 항상 향긋한 냄새가 나.

부하는 기사님이 돌보시는 고양이 인데, 늘 조수처럼 곁에 있어.

학교 외부의 조력자도 소개할게.

이 곳에서 12시 25분에 배달 받으면 짜장면이 불기 전에 옥상에서 먹을 수 있어.

개구멍은 경비실 오른쪽 뒤편에 있어. 경비 기사님께 안 들키게 조심해야 해.

내가 추천하는 메뉴는 오리고기 만두랑 가지튀김이야.

다음 편지도 궁금하다면,

방과 후 마녀의 집에서 메리골드에 물을 줘.

2학년
수상작

별똥별

2 - 1
박동순

별똥별이 춤을 춘다.

나는 못 추는데

소원이나 빌어보자 했더니

친구가 생겼다.

춤추던 별똥별은 개똥벌레였다.

이름에 똥이 들어가는 건 다 좋은 거 같다.

청구번호 819.93학.99 등록번호 106517

저자명			
서명 청량중 학급문고			
이름	대출일자	반납예정일	반납일자
정호연	8/8		8/10

백일장 문집

청량중학교

800

819.
93학 99

3

마녀의 집은 어땠어?

메리골드는 내가 작년에 심은 꽃이야.
아이들은 마녀라고 무서워하지만 기사님은 아이들을 많이 아끼셔.

괜찮다면 아침 일찍 토끼장에 방문해 줘.
그 곳에서 다음 편지를 찾을 수 있어.

우리 학교는 학생들이 맡아서 하는 일이 하나씩 정해져 있어.
토끼장 관리도 그 중 하나야.
원래 토끼장 당번은 나와 내 친구였어.
혹시 맡은 일을 정하지 않았다면, 한 번 생각 해볼래?

다섯 번째 편지는 내가 가장 좋아하는 장소에 뒀어.
그곳을 찾긴 쉽지 않을거야.
하지만 걱정 마. 내가 만든 차를 마셨으니까.

토끼장 뒷문에서 눈을 감고
앞으로 다섯 걸음,
오른쪽으로 일곱 걸음,
다시 아홉 걸음을 걸으면 찾을 수 있어.

4

5

토끼장으로 가는 길에는 등나무가 있는데 봤어?
등나무가 있는 교정 정자는 우리 학교 명당인데, 점심 먹기에 좋아.

아지트에 온 것을 환영해!
아지트는 내가 좋아하는 친구랑 매일 오던 곳이야.
이곳이 마음에 든다면 자주 들려주면 좋겠어.

그럼 다음 편지도 찾아줘.
기다릴게.

6

동순아.

이렇게 편지만 남기고 가서 미안해.
기약이 없어서 얼굴 보고 인사를 못하겠더라.
작별 인사를 하고 싶지 않았어.
언젠가 다시 만날 때까지 건강해.
너에겐 늘 고마워.
항상 내 가장 좋은 친구로 있어줘서.

너를 아끼는 친구
호연 씀.

추신. 고마워. 동순이에게 편지를 전해줘서.
일곱 번째 편지는 캠핑장 하늘색 바위 밑에 있어.

여덟 번째 편지까지 발견

새로 이사간 곳은 녹우시

간다고 했는데

여덟 번째 편지까지 발견하다니 대단한 걸.

새로 이사간 곳은 녹우시 서현로 226번길이야.
이민 간다고 했는데 주소가 한국이라서 놀랐지?
당분간 지내야 하는 곳의 주소야.

새로 이사 가는 곳은 친구를 사귀거나 만나기 힘든 곳이거든.
내가 직접 편지를 받을 순 없지만 여기로 보내면 전달 받을 수 있어.
너희의 답장을 받는다면 정말 큰 힘이 날 거야.

다음 편지는 동순이와 처음 만났던 고목나무 아래 뒀어.
찾기 어려울 수 있으니 239. 318. xxx. 좌표 남겨 놓을게

동순이 널 처음 만났던 날이 생각난다.
순이 기사님이 널 항상 소개해주겠다고 하셨어.
학교 친구들보다 화원의 꽃과 더 오래 지내는 내가 걱정 되셨나봐.

이 곳에서 널 만나고 나는 성장할 수 있었어.
친구를 위해 희생하는 너의 모습과 솔직하게 화를 털어내는
널 보면서 참 많이 배웠어.

너에게 말도 없이 그렇게 간 건 수술 때문이야.
올 초부터 몸이 좋지 않았는데, 어릴 때 수술 받은게 재발하고 말았어.
이 말을 어떻게 너에게 전해야 할지
수술이 끝나고 널 볼수 있을지
약속할 수도, 기대할 수도 없었어.

네가 이 편지를 보게 될 즈음엔 내 수술이 끝나 있을지도 몰라.
널 알게 된 시간은 내게 그 어떤 시간보다 마법같은 시간이었어.
그동안 늘 고마웠어.

마지막 편지는
청산 병원 옥상 정원에 있어.

여기까지 와줘서 고마워. 소리야, 동순아.

안녕 소리야.

잘 지냈니? 우연히 너의 전학 서류를 보고 너를 알아볼 수 있었어.

소리 네가 날 기억할지 모르겠다.

청산 병원 옥상에서 어린이날을 맞았을 때 말이야.

네가 들려준 걸리버 여행기, 나중에 읽어봤지만 네 이야기를 듣는 게 더 좋았어.

병원에 적응하지 못하고 내성적이던 나를 넌 병원에 숨겨놓은 너만의 아지트로

초대해줬고 덕분에 병원이 더는 싫지 않았어.

네가 보여줬던 반딧불이를 난 잊지 못할거야.

너의 퇴원 날 제대로 작별인사를 못해서 미안해.

내가 얼마나 너에게 고마워하는지도 전하지 못했어.

네가 마지막으로 남겨준 편지가 있었기에 열 개의 편지를 쓸 수 있었어.

네가 숨처럼 내쉬는 작은 호의들을 난 평생 기억할 거야.

한 번 더 기적이 일어나 너와 등순이를 만날 수 있다면,

내가 사랑하는 이곳을 너희 둘과 다닐 수 있었을 텐데.

편지는 이게 마지막이야. 내가 있는 곳의 기차역 표를 보내.

소리야 건강히 잘 지내.

또 만나자.

몰랐으면 하는 마음,
알았으면 하는 마음,
너희가 상처받지 않았으면 하는 마음,
응석 부리고 싶은 마음,
외로울까 봐 무서운 마음.

편지를 찾았으면 좋겠다,
못 찾았으면 좋겠다.

나를 잊었으면,
나를 기억했으면.
나를 보러 왔으면.

안녕.
이사한 곳은 좀 어때?

나도 원래 살던 곳으로 돌아가기로 했어.
어릴 때 할머니댁에서 지냈거든. 예전에 할머니 댁에서 지냈던 얘기 해줬었나?
나는 할머니 댁 근처 중학교를 갈 예정이야.

거긴 서울이랑 멀어서 연락이 늦을지도 몰라.
집 전화랑 주소가 바뀌어서 편지 보내.
주소는 강원도 청산시 은새울로 59길 915 야.

둘 다 전학 때문에 떨어지게 됐으니 편지라도 주고받는 거 어때?
너랑 계속 연락 주고받고 싶어.
부담 가질 필요는 없고, 개학하면 새로운 학교에 적응하느라 정신없을 테니까
마음의 여유도 생기고 시간 될 때
그땐 꼭 편지에 답장해줬으면 좋겠다 :)

기다릴게.
소리가.

보내는 사람 이소리
강원도 청산시 은새울동 915
2 4 9 6

받는 사람 김지민
서울특별시 성왕구 슬기동49 3동 305호
8 1 7 9
지민이에게

소리야, 안녕. 잘 지내니?
편지는 잘 받았어. 답장이 늦었지?

여기서 난 그럭저럭 적응해가고 있어.
친구도 몇몇 사귀고 밥 먹거나 등하교도 같이 해.

같은 반 친구들도 좋은 애들 같아.
그래서 잊고 싶었어.
그곳의 일들과 너도.

하지만 여기에도 괴롭힘은 있더라. 내가 당하는 게 아닌데도 너무 무서웠어.
누군가를 해치는 말은 내가 들었던 것과 다르지 않아서.
마치 내 등 뒤에서 말하는 것처럼 가깝게 들렸어.

얼마나 용기가 필요한 일인지 알겠어.
눈물이 날 것 같다.
소리에게 고마워서.

여긴 옳은 소리에 동조해주는 사람들이 있었어.
내가 다른 사람의 부당한 일에 나서서 그만하라고 할 수 있었던 건…
모두 네 덕분이야.
네가 나에게 그렇게 해주었기 때문에, 나도 다른 사람에게 할 수 있었어.

고마워.

소리에게..♥

소리야 병원밥 맛없지 ?
맛있는 거 싸갈게 !
얼른 쾌차해 !
퇴원하면 기념으로 내가 완전
맛있는 도시락 준비할게 !
기대하고 있어~!
♥송희가♥

이소리! 회복 잘 하고있지!?
너 없으니까 학교가 너무 심심해~~!!!ㅜ
2학기나 캠프 같은 조여서
기대했는데 너무 아쉽다 ㅜㅜ
다음에 꼭 같이
캠프 가기로 약속해!

소리 없어서 외로운
수경이가

소리야 몸은 어때?
갑자기 병원 갔다고 해서 걱정했어.
어제 일 때문에
많이 피곤했나 보다.
캠프는 나중에 우리끼리 하자.
빨리 나아!

-호란

양궁 장비

활의 높이는(어퍼 팁~로어 팁까지)
70 인치(177.8cm)
청량중 학생 모두 같은 장비 사용

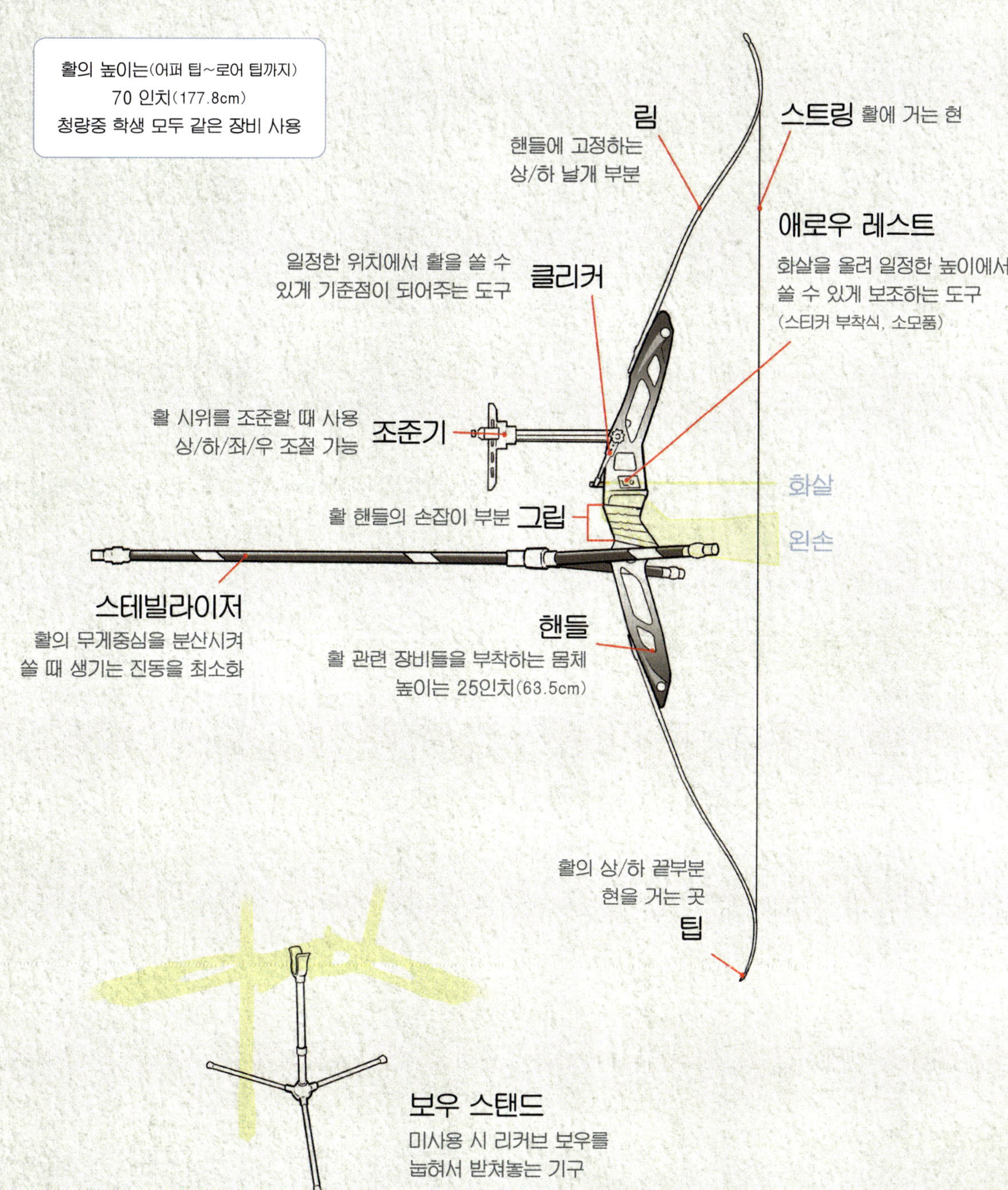

상의/하복 체육복
하의/트레이닝 바지(사복)

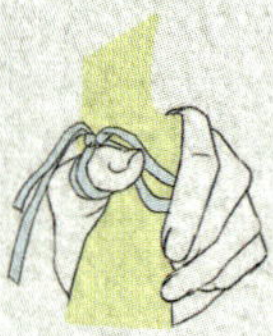

핑거 슬링
화살 발사 시 반동으로
활 튕김 방지용 매듭 끈
(활 잡는 손 착용)

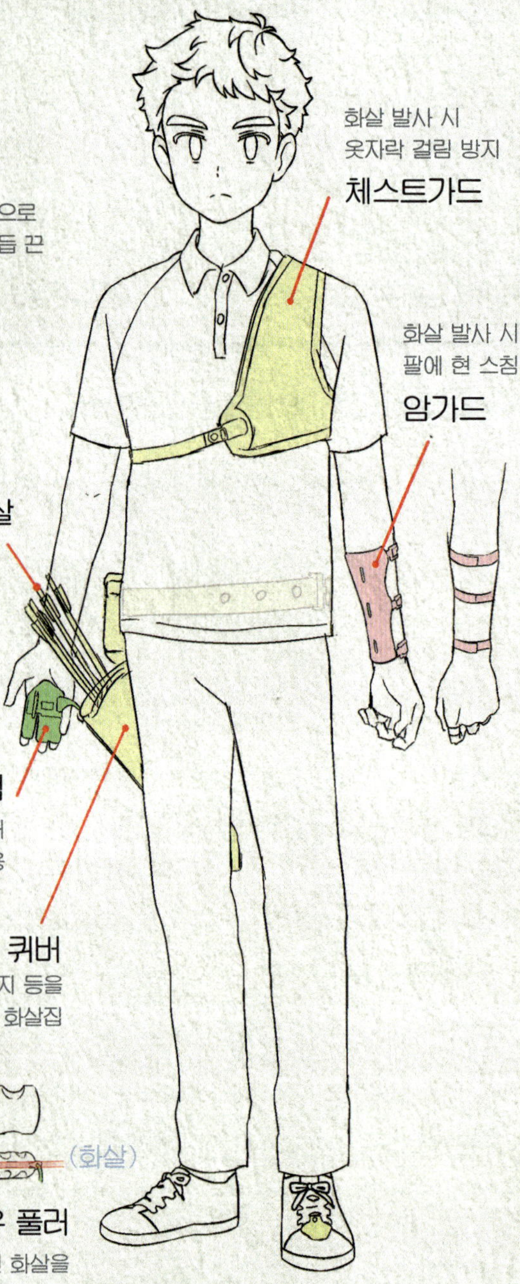

화살 발사 시
옷자락 걸림 방지
체스트가드

화살 발사 시
팔에 현 스침 방지
암가드

화살

핑거 탭
현을 당길 때
손 부상 방지 위해 착용

퀴버
화살, 점수 기록지 등을
담는 벨트형 화살집

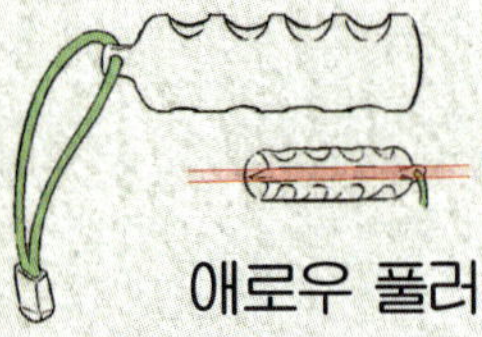

애로우 풀러
과녁에 박힌 화살을
회수할 때 사용

오른손잡이 기준

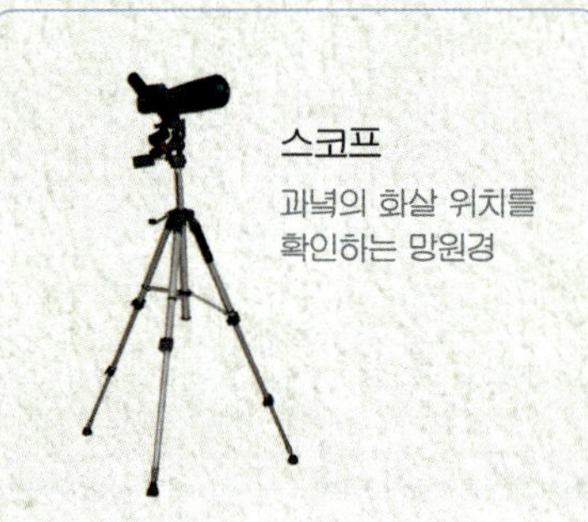

스코프
과녁의 화살 위치를
확인하는 망원경

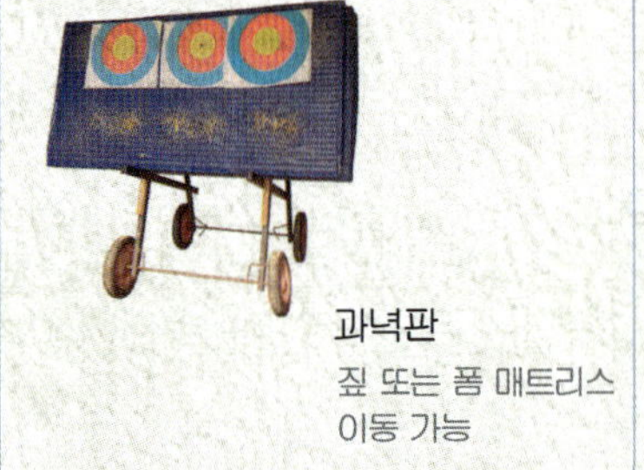

과녁판
짚 또는 폼 매트리스
이동 가능

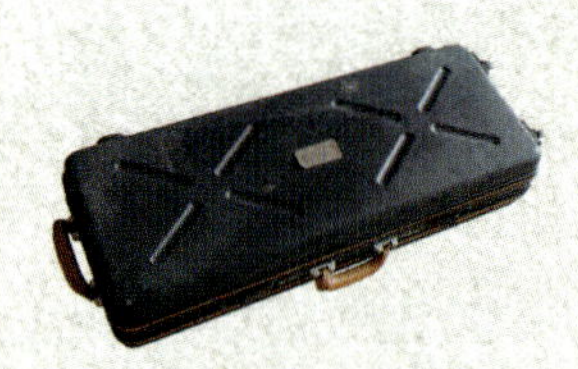

리커브 보우 하드 케이스
이동 시, 양궁 장비를
분해 · 보관하는 케이스

점수 기록지
점수 기록용 수첩
퀴버에 보관

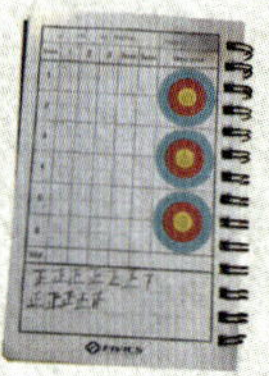

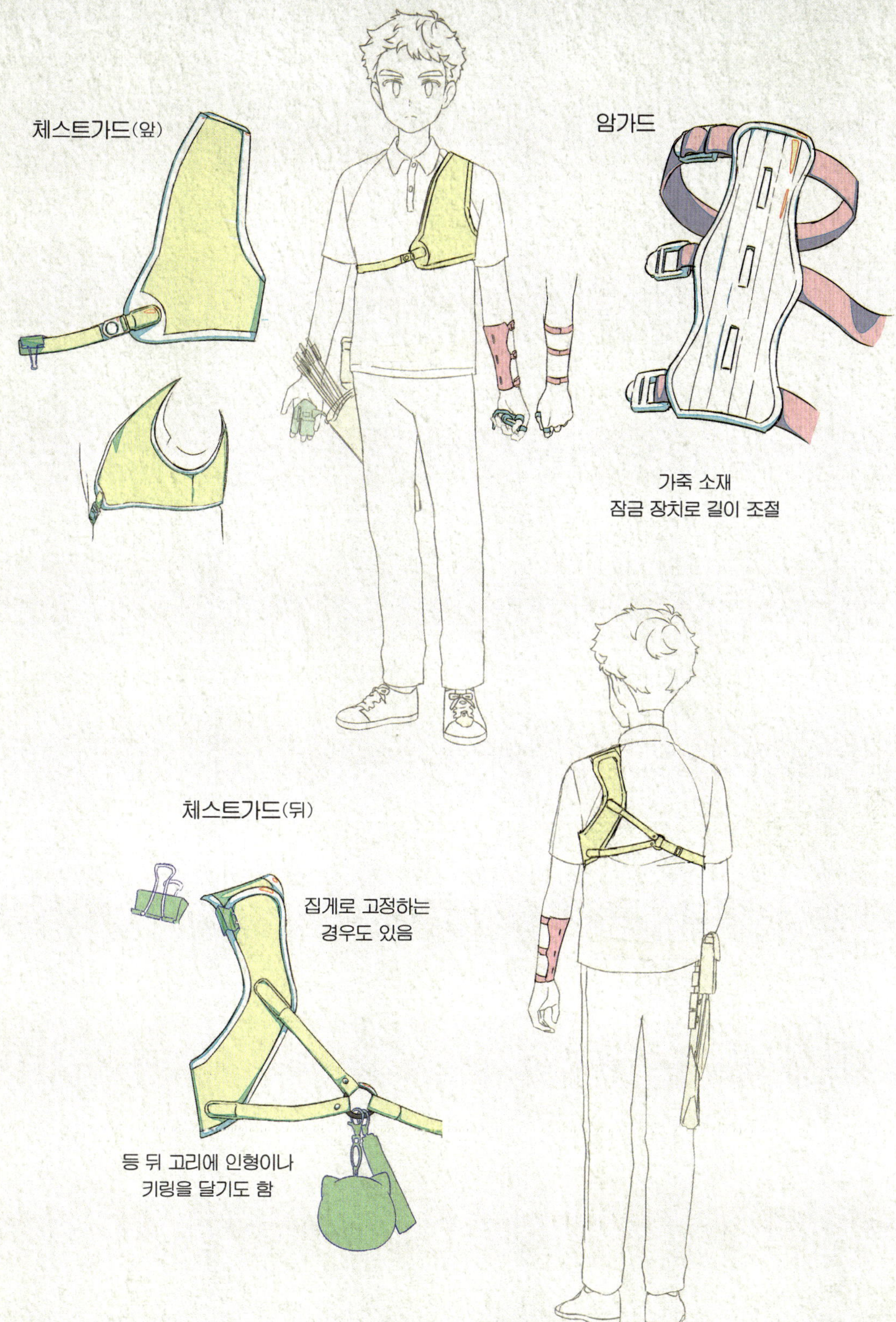

체스트가드(앞)
암가드
가죽 소재
잠금 장치로 길이 조절
체스트가드(뒤)
집게로 고정하는
경우도 있음
등 뒤 고리에 인형이나
키링을 달기도 함

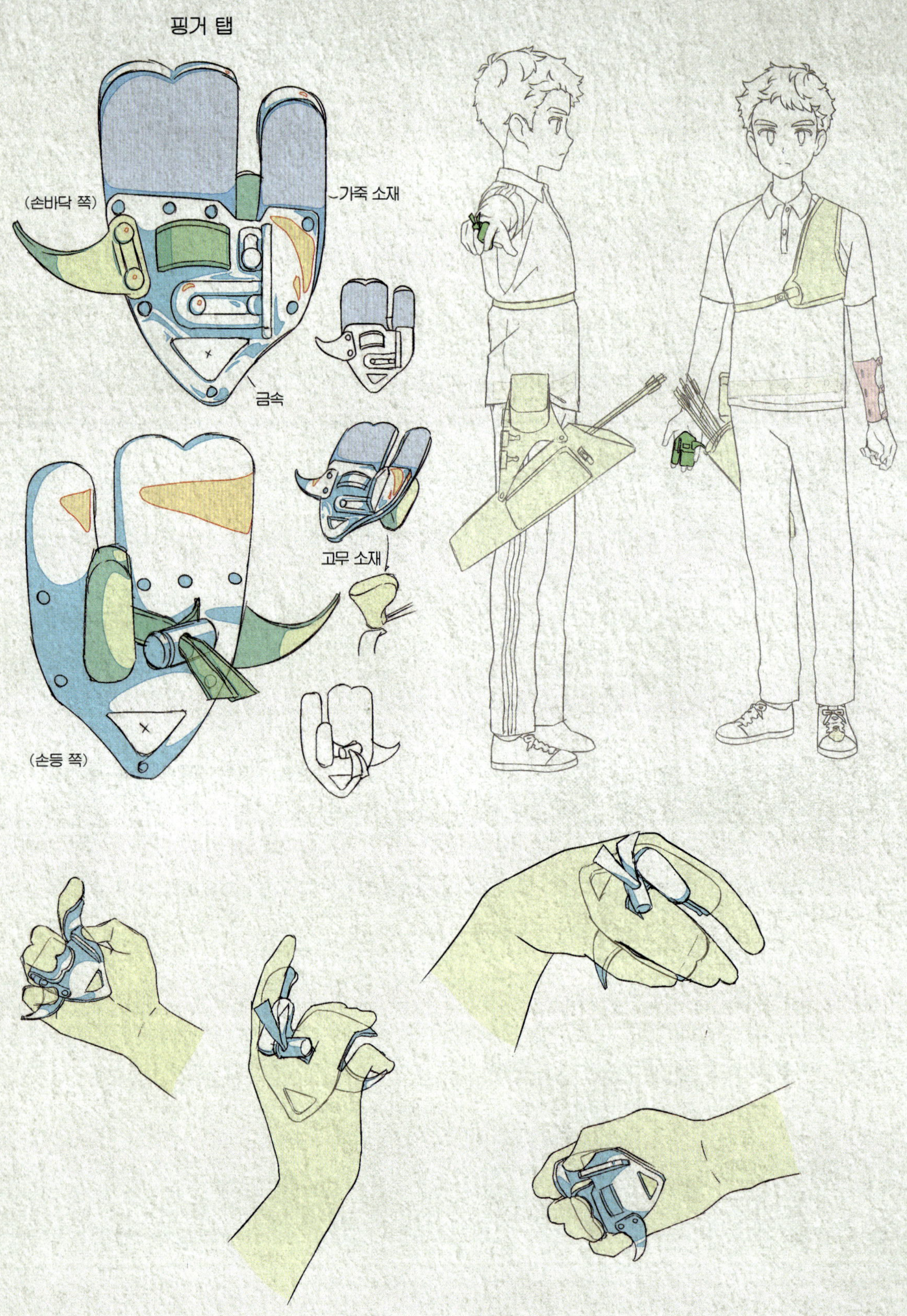

핑거 탭
(손바닥 쪽)
가죽 소재
금속
고무 소재
(손등 쪽)

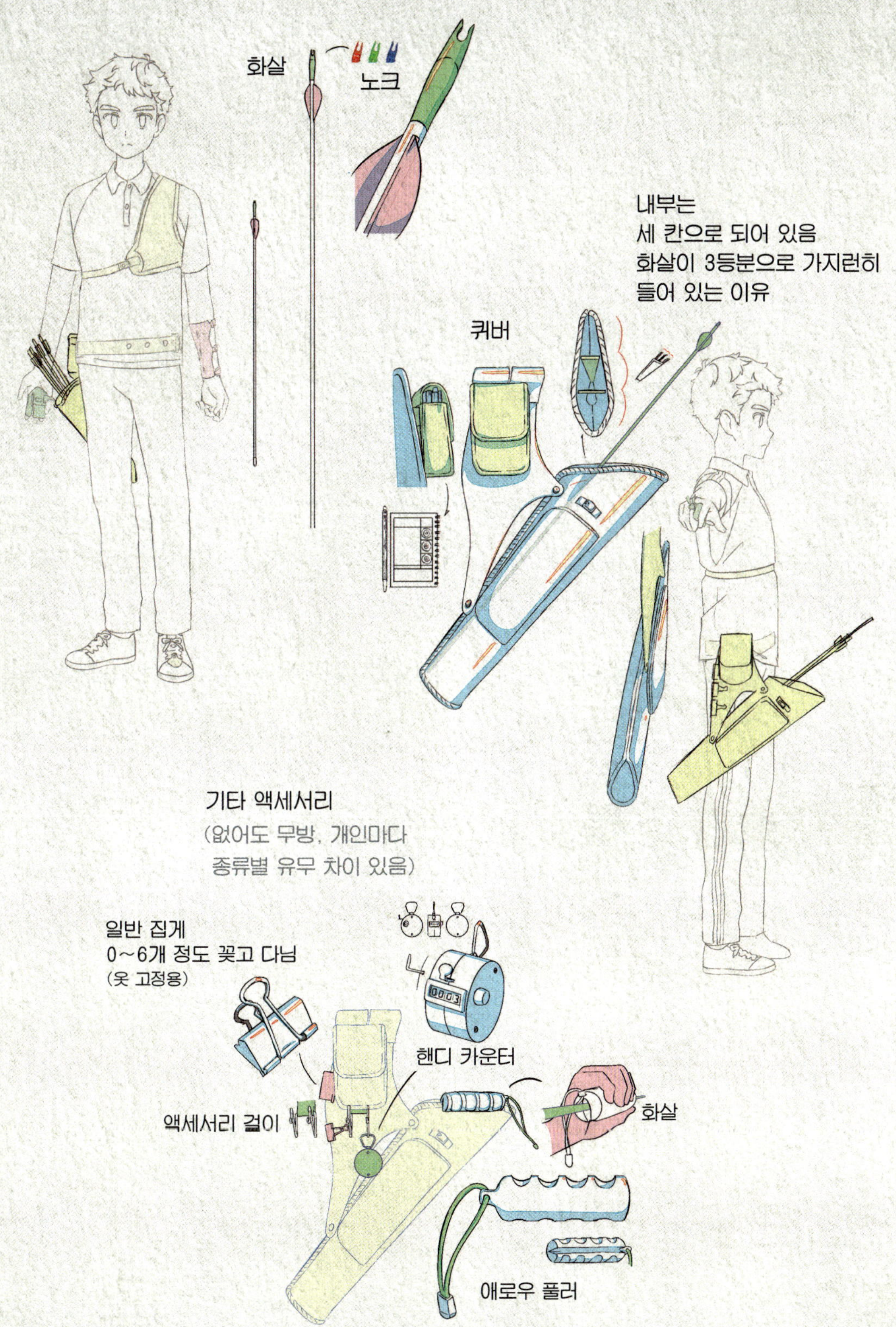

화살
노크
내부는
세 칸으로 되어 있음
화살이 3등분으로 가지런히
들어 있는 이유
퀴버
기타 액세서리
(없어도 무방, 개인마다
종류별 유무 차이 있음)
일반 집게
0~6개 정도 꽂고 다님
(옷 고정용)
핸디 카운터
액세서리 걸이
화살
애로우 풀러

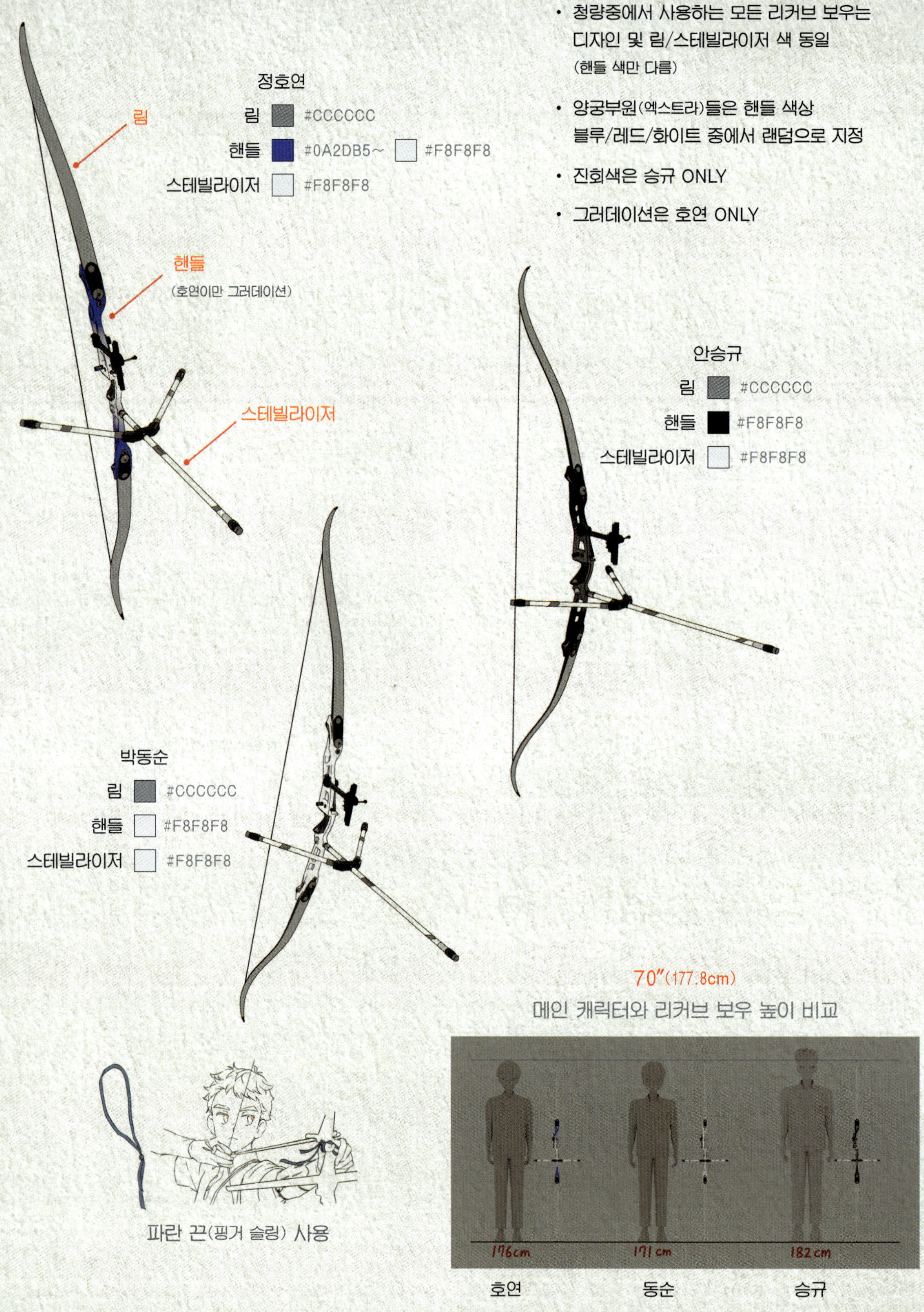

림
정호연
림 #CCCCCC
핸들 #0A2DB5~ #F8F8F8
스테빌라이저 #F8F8F8
핸들
(호연이만 그러데이션)
스테빌라이저
• 청량중에서 사용하는 모든 리커브 보우는
디자인 및 림/스테빌라이저 색 동일
(핸들 색만 다름)
• 양궁부원(엑스트라)들은 핸들 색상
블루/레드/화이트 중에서 랜덤으로 지정
• 진회색은 승규 ONLY
• 그러데이션은 호연 ONLY
안승규
림 #CCCCCC
핸들 #F8F8F8
스테빌라이저 #F8F8F8
박동순
림 #CCCCCC
핸들 #F8F8F8
스테빌라이저 #F8F8F8
70"(177.8cm)
메인 캐릭터와 리커브 보우 높이 비교
파란 끈(핑거 슬링) 사용
176cm
171cm
182cm
호연
동순
승규

청량중 양궁부 기록지

이름	안승례	학년, 반	3-4	날씨	——
				거리	40m

	1	2	3	총점	10	X-10	
1	9 / 8	9 / 8	8 / 7	49			
2	9 / 10	9 / 7	8 / 6	49	1		
3	10 / 8	10 / 8	9 / 7	52	2		
4	10 / 8	9 / 7	9 / 7	50	1		
5	X / 8	X / 7	10 / 7	52	3	2	
6	10 / 9	10 / 8	9 / 8	54	2		
총점	306						

디자인

재질 및 구성

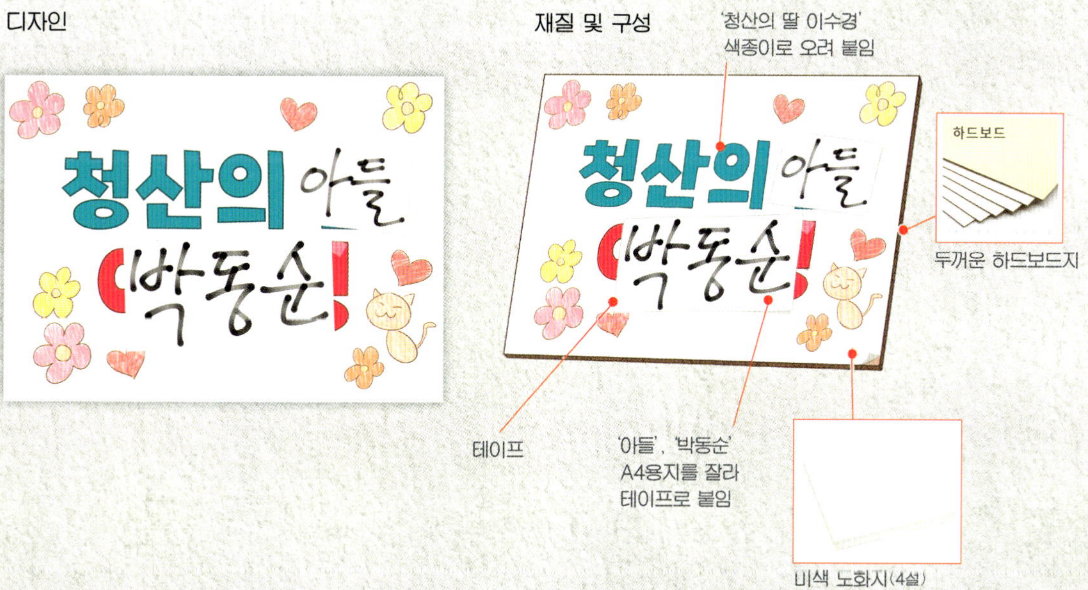

순이 기사님의 소품들

화원의 차 세트와 물뿌리개

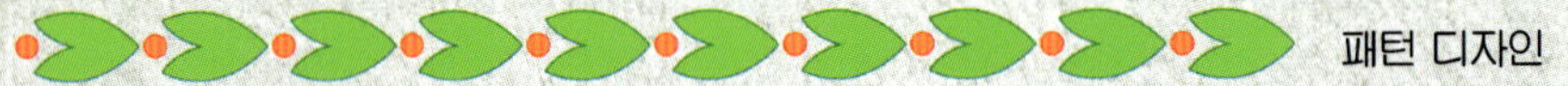

패턴 디자인

- 내열 유리(화기 사용 가능)
- 거름망은 따로 없음/주전자 안에 꽃을 넣어 우릴 경우, 출수구 밖으로 빠져나오지 않게 작화

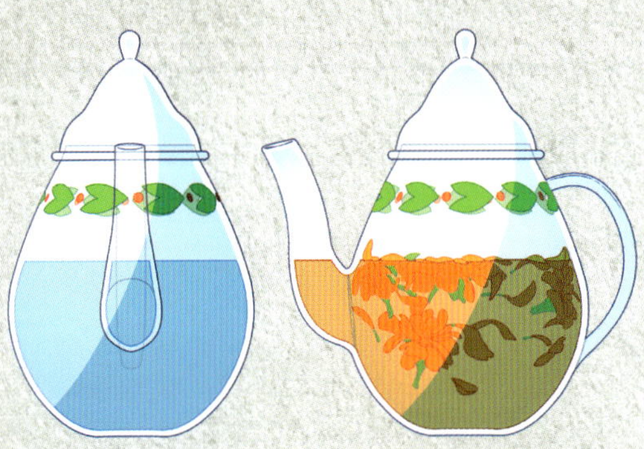
정면 / 물　　옆면 / 메리골드 차

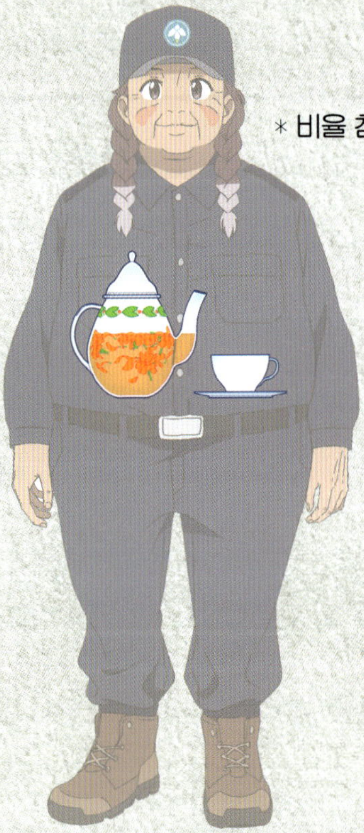
＊비율 참고

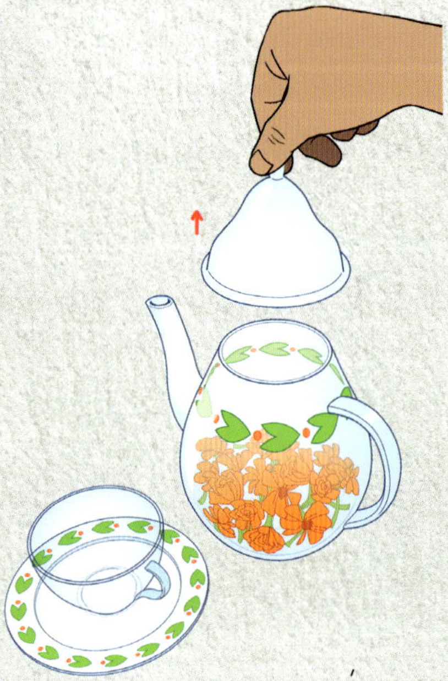

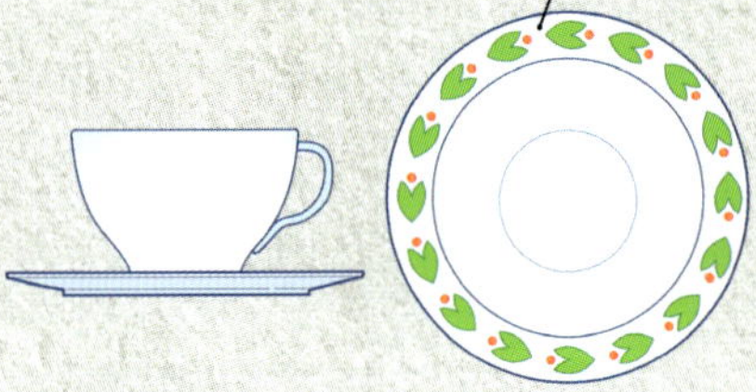
찻잔 받침만
불투명 화이트 색상
(유리 주전자, 찻잔은 투명)

꽃차가 담긴 병

물뿌리개

눈물이 나오는 약밥과 반딧불이 유리병(비어 있는 버전)

그거 알아?
반딧불은 만나고 싶은 사람을 찾게 해준대.

교실 게시판 캠프 안내

문화 / 행사 알림
청량중
캠프
청량중학교 운동장
대 상 │ 전 학년 재학생 참가 희망자
행 사 │ 조 이름 및 구호 만들기, 조별 게임
미니 운동회, 보물 찾기
가족에게 편지 쓰기
장기자랑, 단체사진 촬영
캠프 정리 및 예산
문의처 │ 청량중학교 김민교 선생님
DREAMS COME TRUE # 3-2
청량중
캠프
청량중학교 운동장
대 상 │ 전 학년 재학생 참가 희망자
행 사 │ 조 이름 및 구호 만들기, 조별 게임
미니 운동회, 보물 찾기
가족에게 편지 쓰기
장기자랑, 단체사진 촬영
캠프 정리 및 예산
문의처 │ 청량중학교 김민교 선생님
가 정 통 신 문
청량중
제 102호
강원도 청산시 청세울동 204 청량중학교
청 량 중 학 교 장 (직인생략)
청 량 중 학 교 장 귀 하

송곳과 칼로 윗면 잘라냄
담배꽁초, 휴지 조각 등
쓰레기 담아 불 붙임

바닥면 디테일

윗면 디테일

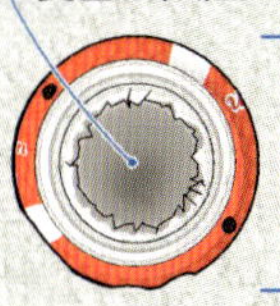

공예용 철사끈

철사끈의 총장은
70~80cm 정도
손에 한두 바퀴
두른 상태로 쥠
연출에 따라 길이나
쥐는 자세 수정

철사끈 구멍 위치

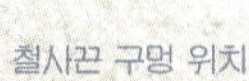

청산병원

얇은 리본 두 줄을 겹쳐서 매듭
약 10cm

약 13cm
(내용물에 따라)
약 2~5cm

모시 또는 리넨 재질
조각보로 제작됨

① 기본 상태
② 입구 모아서
리본 묶기

장난감 미니카
간식   구슬   머리끈   다람쥐 인형
건강 쿠키   비눗방울
스노우볼   당첨권
색상 변형
곰인형

어린 소리 주먹보다
좀 더 큰 사이즈
(약 10~13cm 내외)

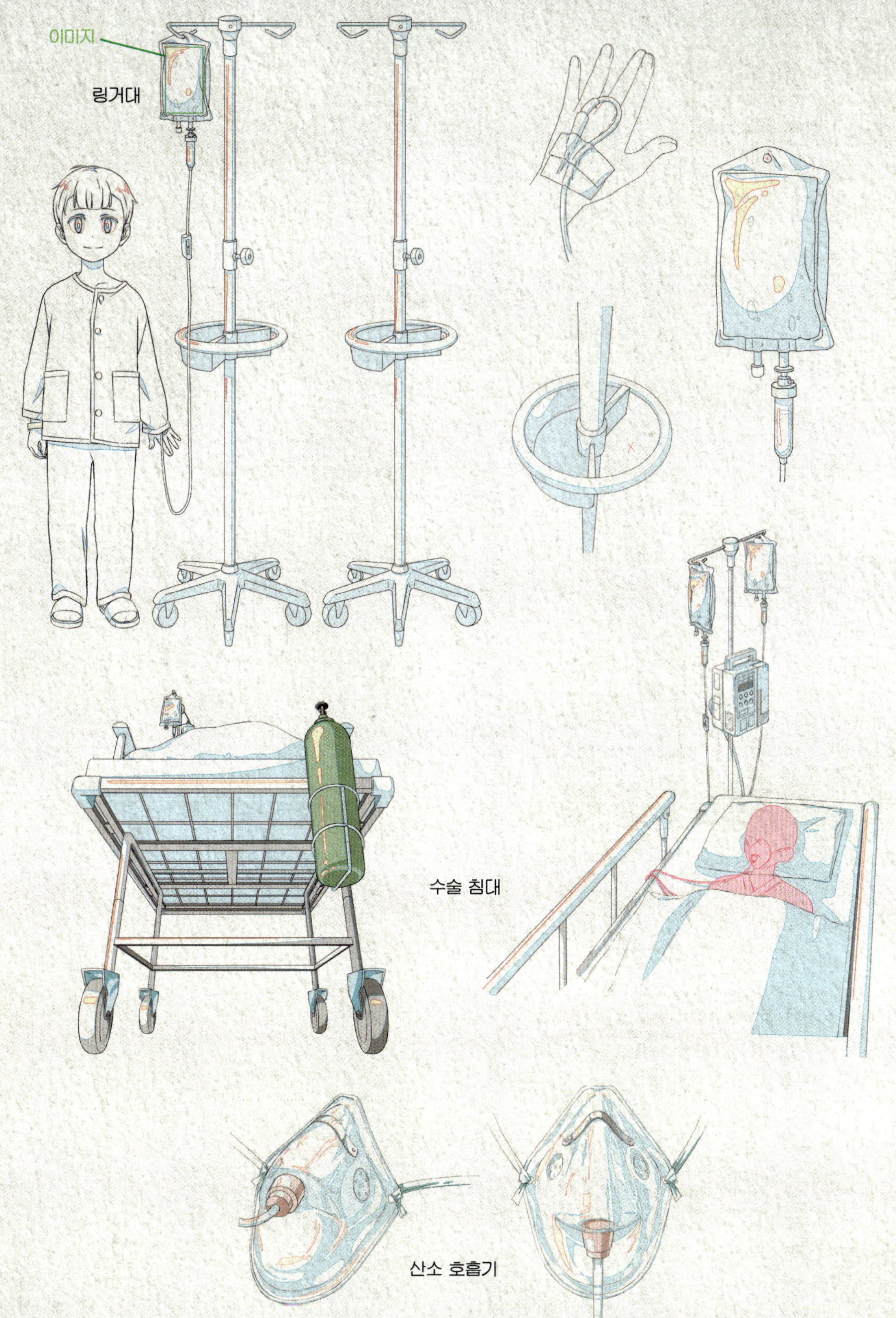

이미지
링거대
수술 침대
산소 호흡기

배경 미술 및 설정

기차 건널목

로케이션 촬영

"한국만의 아름다운 풍경과 감성이 담긴 기찻길을 표현하고
자 미술감독님과 전국의 기차 건널목을 조사했습니다. 그 과
정에서 원주에 위치한 '계단이 있는 기차 건널목'을 발견했고,
무대 위에 선 듯한 상징성이 마음에 들어 최종적으로 채택했
습니다. 현재는 해당 장소가 사라졌다고 들었는데 작품을 통
해 풍경의 일부라도 남길 수 있어 다행이라 생각합니다."

— 김용환 감독

미술 설정

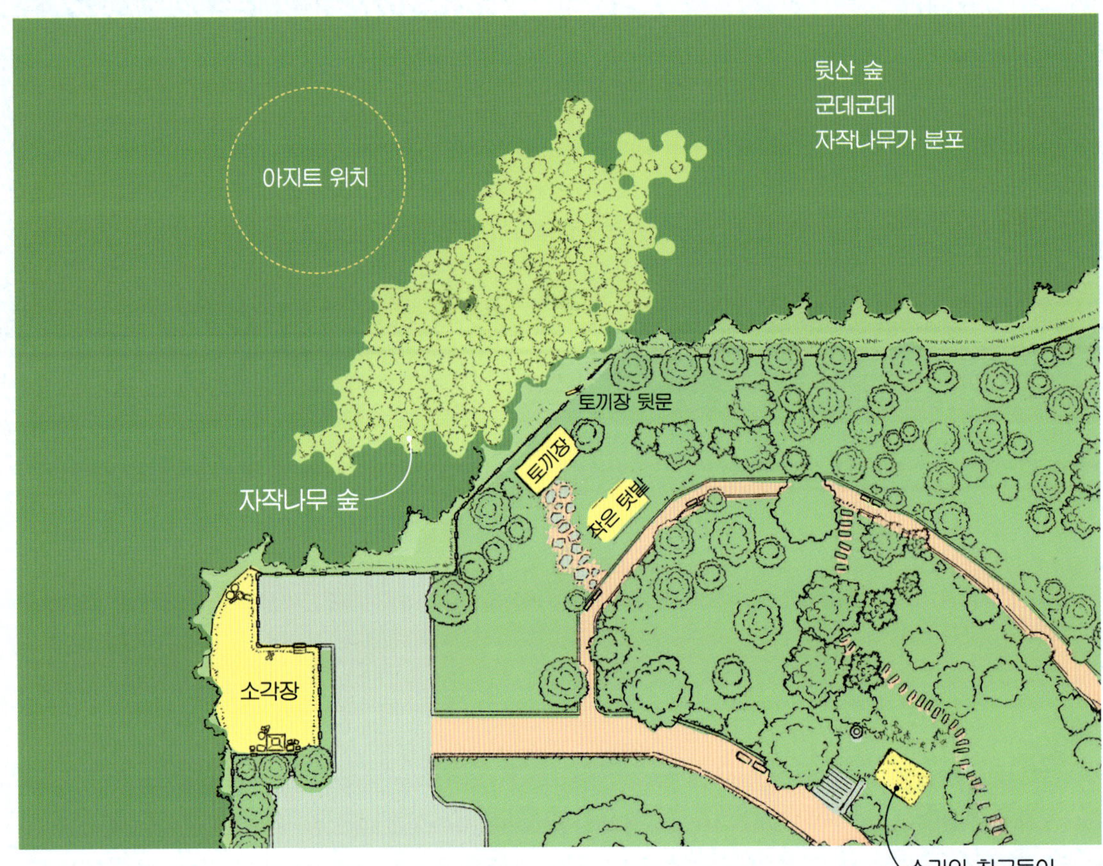

"아지트는 저희 작품에서 가장 판타지적인 공간으로, 소리와 호연이 처음 만나 함께 시간을 보냈던 병원 옥상의 확장된 형태이자, 서사적으로도 상징성이 큰 장소입니다.

호연과 동순이 함께한 공간이라는 점에서, 이들의 섬세한 감성을 반영한 다양한 활동을 연상하게 만드는 소품들로 공간을 구성했습니다.

원작에서도 핵심적인 장소로 표현된 만큼, 디자인적으로도 원작의 분위기를 최대한 반영하고자 했습니다."

— 김용환 감독

CHANNY PIZZA
CHANNY PIZZA

아지트 버스 내부

미술 설정

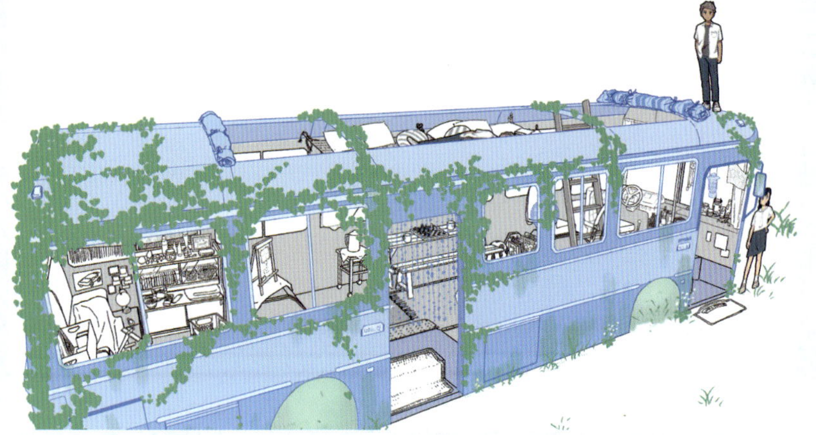

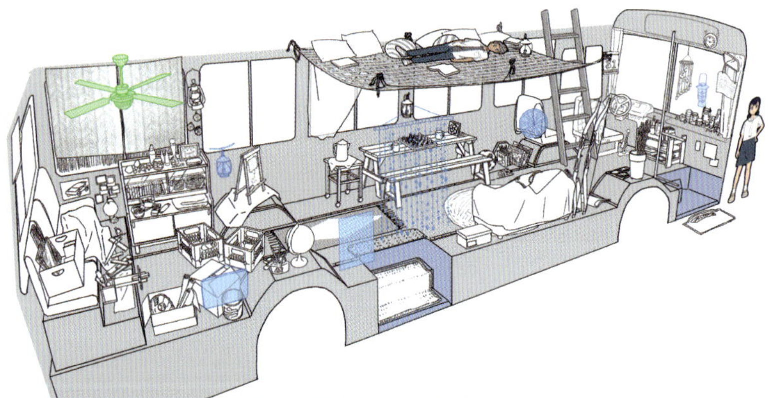

3D 작업

미술 설정

3D 작업

할머니 집

3D 작업

"원작 속 할머니 댁은 짧게 등장하며 쓸쓸하고 서늘한 분위기를 강조하는 공간이었지만 애니메이션에서는 소리가 전학한 후 머무는 따뜻한 기억의 장소이자 성장의 출발점으로 재해석했습니다. 시골 한옥 특유의 따스한 정취와 레트로한 감성을 더해, 소리가 심리적으로 안정을 느낄 수 있는 공간으로 연출했습니다."

— 김용환 감독

미술 설정

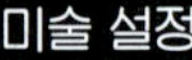

배경 미술

"〈연의 편지〉는 '마법이었을까, 아니었을까?'라는 여운을 남기는 판타지 톤을 지향하며, 현실과 비현실의 경계에서 감정을 구축하고자 했습니다. 이에 따라 아지트를 찾는 장면처럼 일부 장면에만 판타지적 연출을 더하고, 전체적인 공간은 현실 기반의 설정으로 구성했습니다. 청량중은 화원, 연못, 숲속 아지트, 캠핑장 등 일반적인 학교에서는 보기 어려운 요소들을 지니고 있어 이를 시각적으로 아름답게 구현하는 것만으로도 판타지처럼 보이는 효과가 있었습니다."

— 김용환 감독

미술 설정

3D 작업

메이킹 이미지

"편지…? 왜 여기에…?
   누가 보낸 거지?"

B1

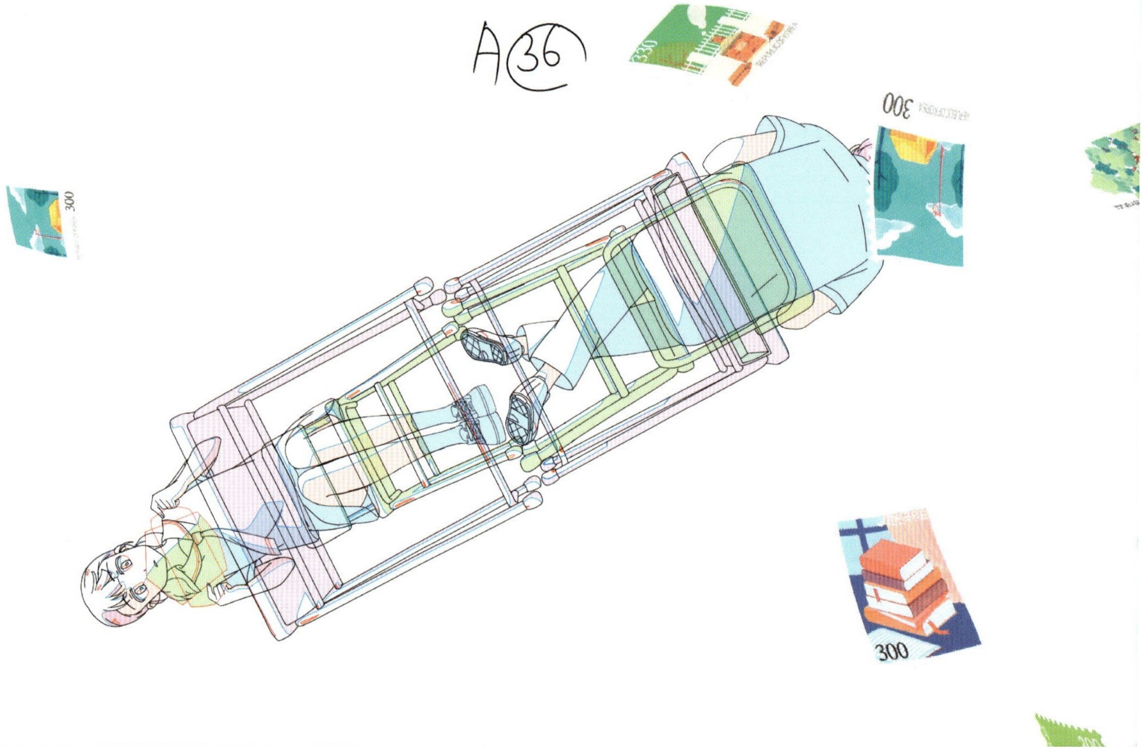

300

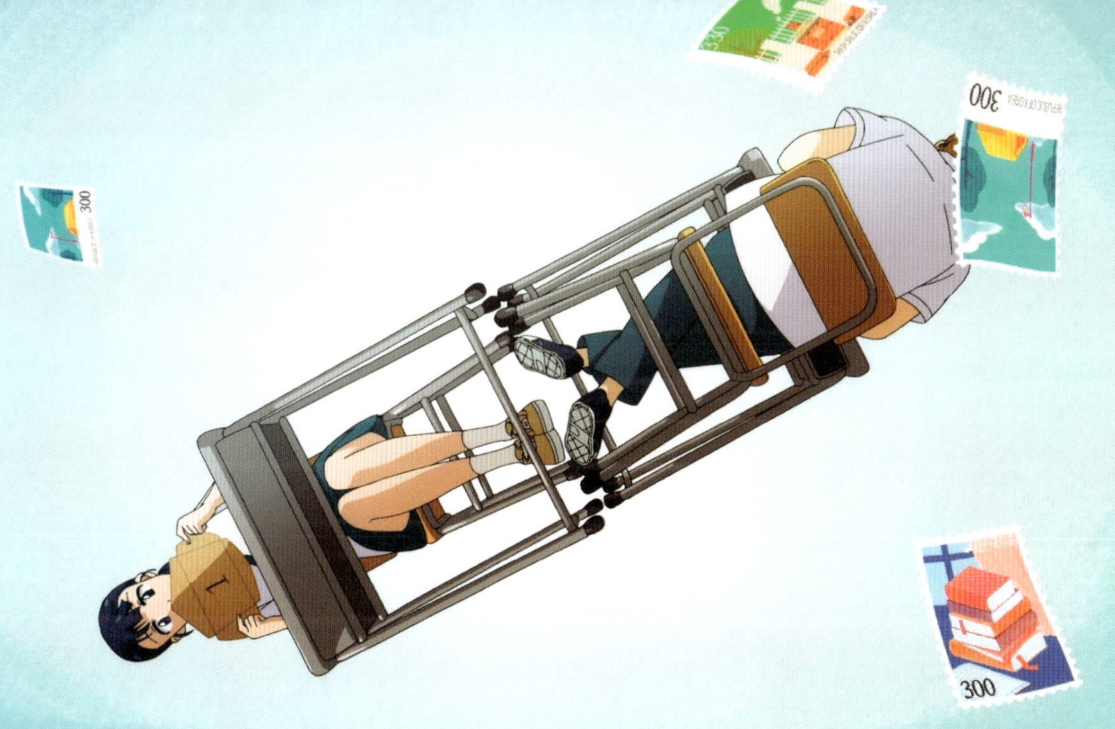

"냑, 냐아악!"

(마)
전면그림자
꼬리
(나)
Boo

“호연이가 부탁한 거예요.
  메리골드에 물을 주는 친구가 오면 전해달라고 했어요.”

"뭐…? 정호연이 쓴 편지?
참나…. 모르는 애한테 편지 쓸 시간은 있고."

A④
입 중간
돌림

GRANNY PIZZA
GRANNY PIZZA

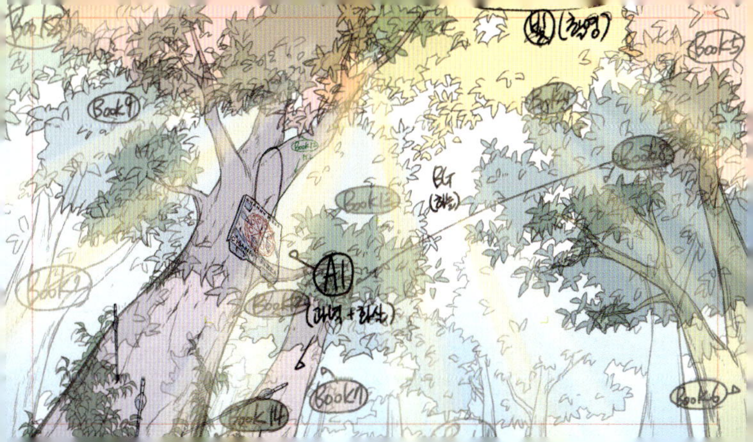

Book 9
Book 9
Book 13
Book 12
Book 10
Book 11
Book 14
Book 8
Book 8
Book 16
BG
(배경)
A1
(배경 + 효과)
(별) (저장)

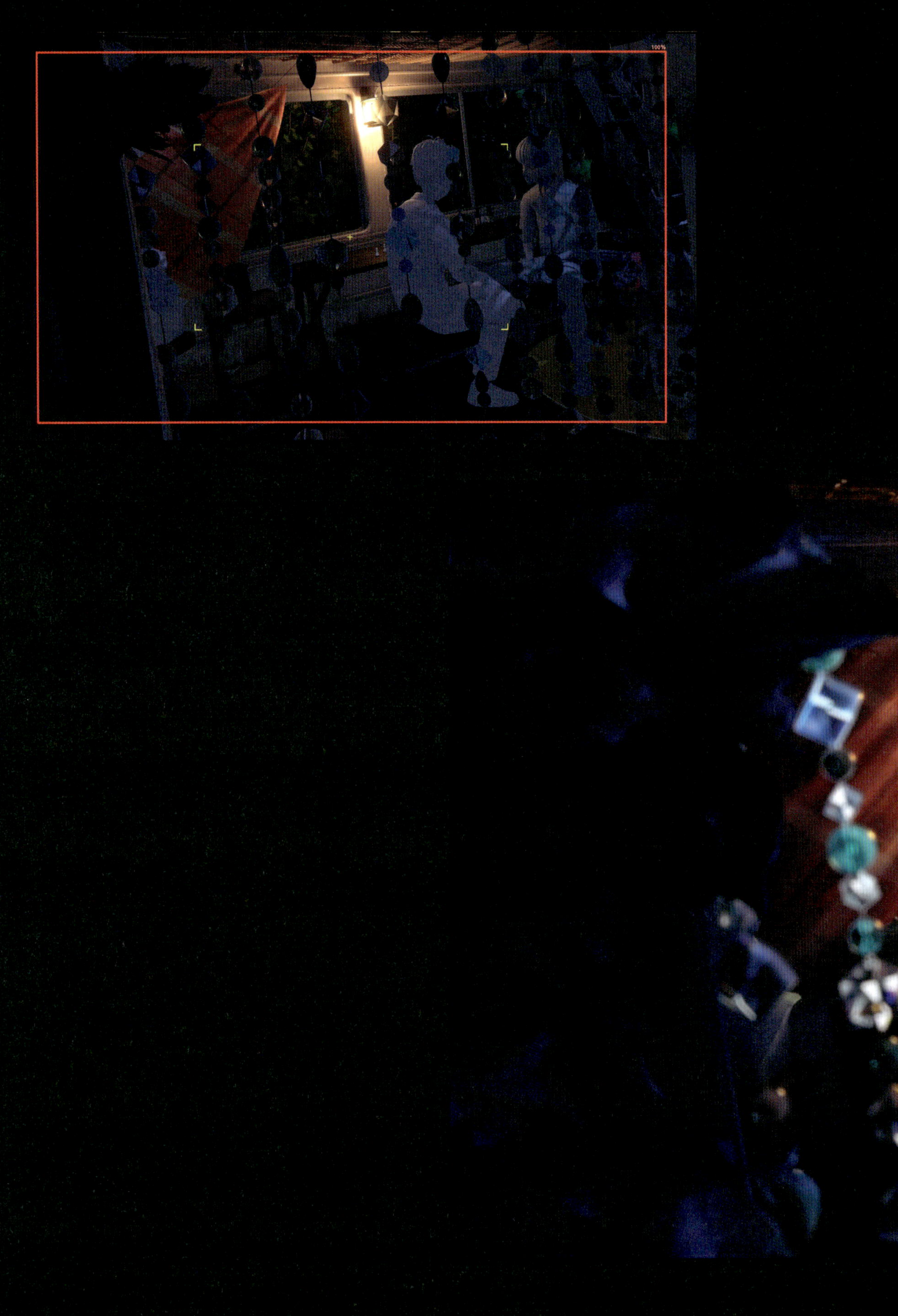

"여긴 내가 만든 게 아니라 원래 존재하는 공간이야.
사람들이 관심이 없을 뿐이지."

"내가 다른 사람의 부당한 일에 나서서
그만하라고 할 수 있었던 건…
모두 네 덕분이야."

"네가 나에게 그렇게 해주었기 때문에,
　나도 다른 사람에게 할 수 있었어."

젖은 부분
이정도
A2
A2
눈물 C9
편지 F2

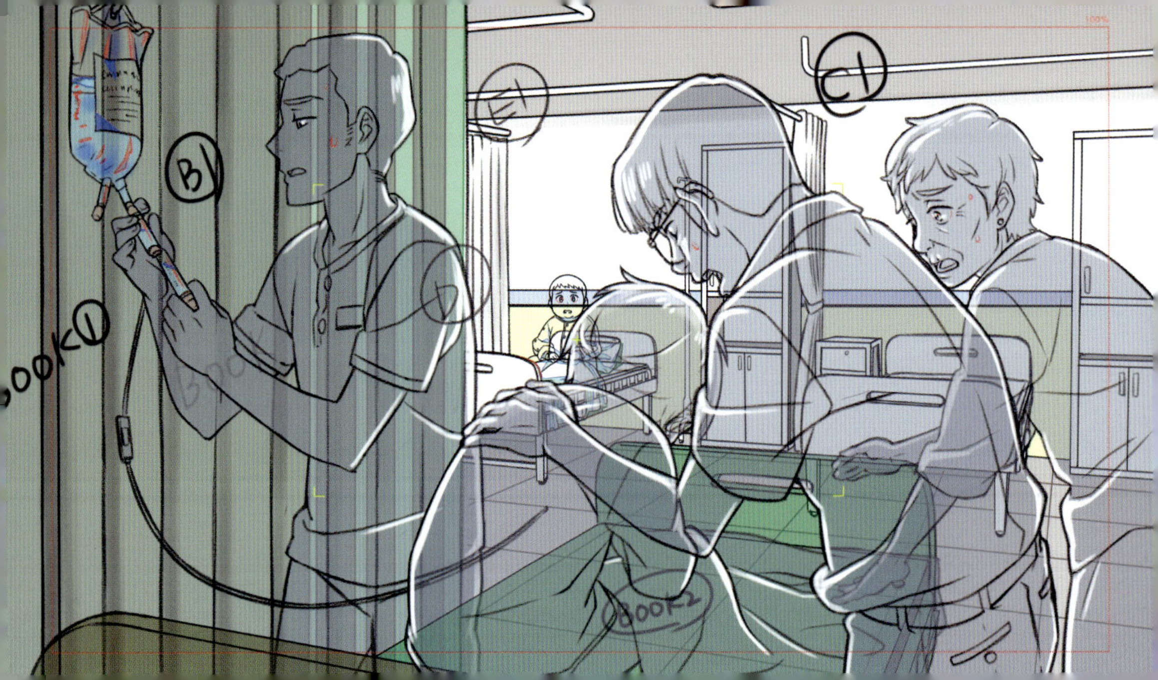
BOOK1
BOOK1
B1
C1
BOOK2

"지켜보기 힘든 날도,
버티기 힘든 날도 많았지만
소리가 있어 좋은 날도 많았다."

"호연이는 처음부터 그 자리에 앉을 이소리,
　너한테 편지를 쓴 거였어."

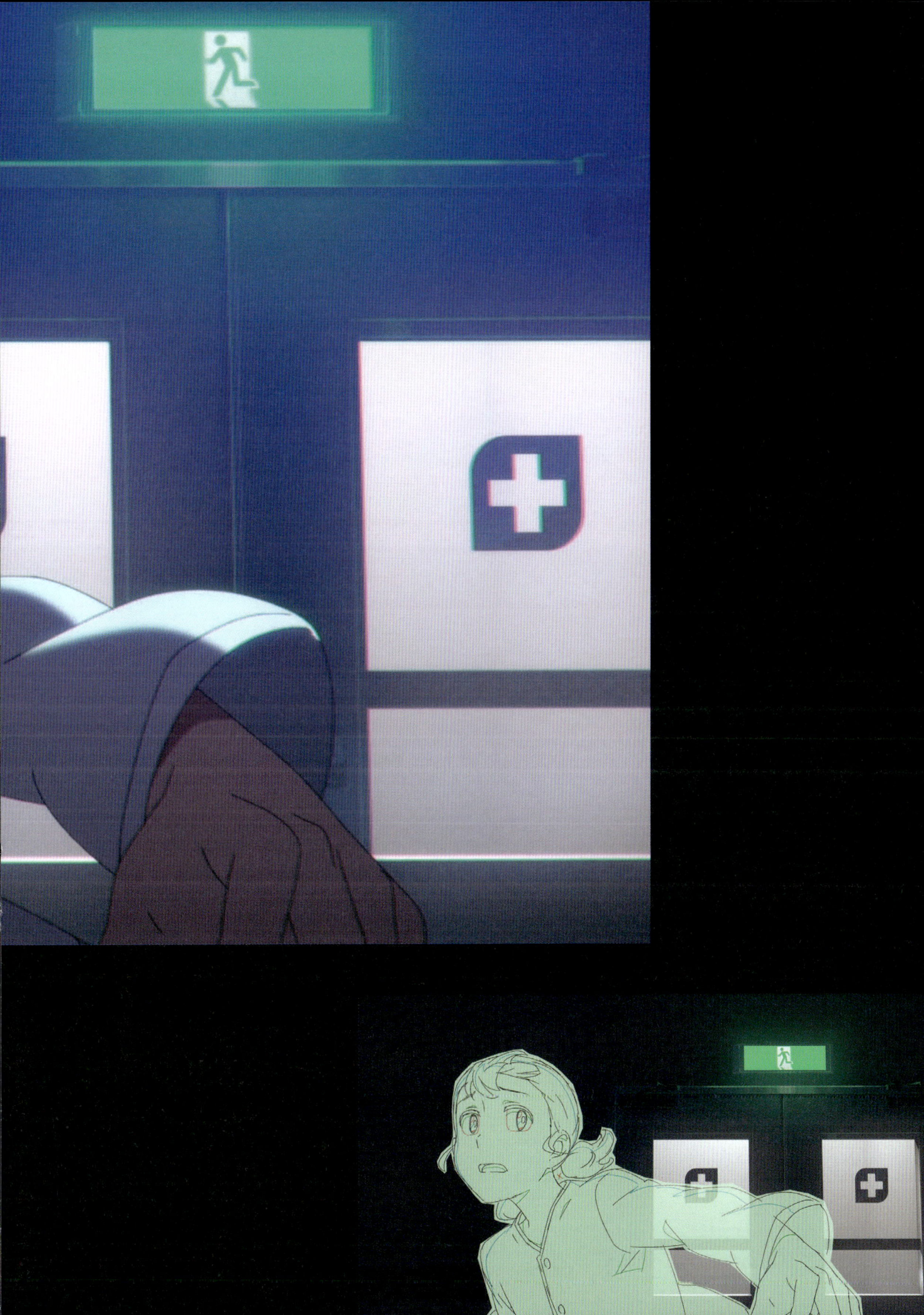

A12

"네가 숨처럼 내쉬는 작은 호의들을
난… 평생 기억할 것이다."

“우리가 만약 헤어져도,
다시 만날 수 있을 거야.”

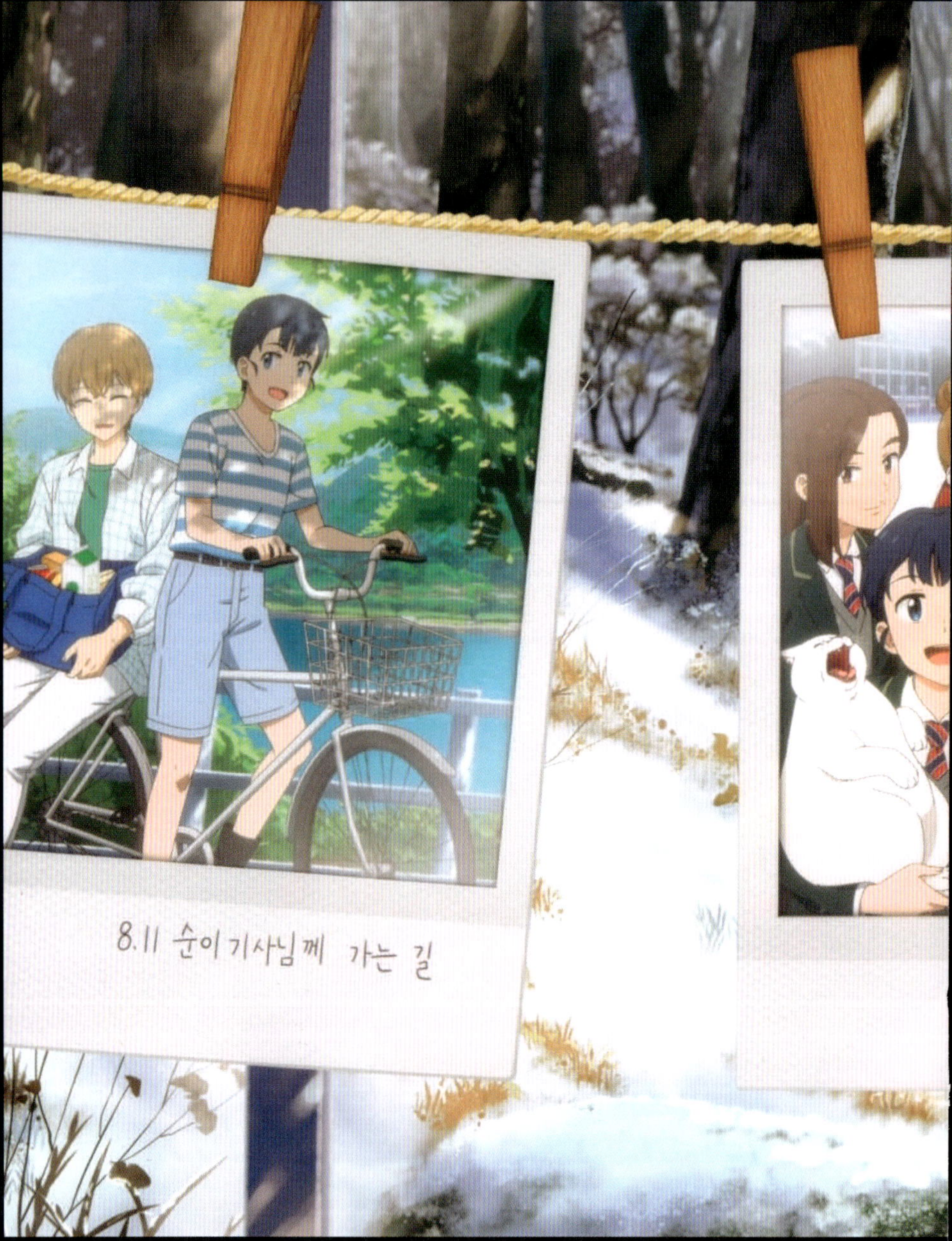
8.11 순이기사님께 가는 길

A①
8.11 순이기사님께 가는 길
2.16 호연이 졸업식
10.12 체스배운날
C①

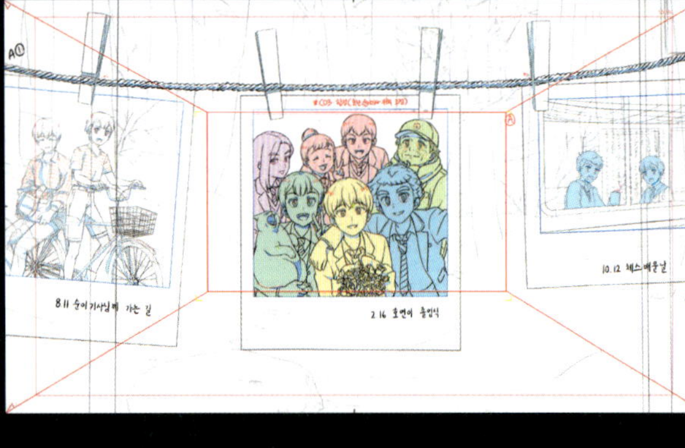

2.16 호연이 졸업식
10.12 체스 배운날
찰칵!

용어 정리

- PAN. : 카메라를 왼쪽 또는 오른쪽으로 움직이는 것. 배경이 움직이는 것과 같은 효과가 나타난다.
- H.U. : 훅 업. 앞 장면의 마지막 프레임을 다음 장면의 첫 프레임으로 사용하는 것.
- Shake : 등장인물의 눈동자, 손 떨림 등 진동이나 흔들림의 효과를 만들어내기 위해 동일한 그림을 베껴서 얻는 효과.
- Follow : 팔로우 숏. 촬영기는 고정하고 배경 및 셀이나 동화의 움직임을 표현하는 방식.
- POV. : 인물의 시점으로 보이는 장면.
- 틸트 업(Tilt Up) : 카메라를 수직으로 위를 향하여 움직이면서 촬영하는 기법.
- 디졸브(Dissolve) : 한 화면이 사라짐과 동시에 다른 화면이 점차로 나타나는 장면 전환 기법.
- 핸드헬드(Handheld) : 카메라 혹은 조명 장치 등을 손으로 들거나 어깨에 메는 것을 의미하는 용어.

스토리보드

LICO S042-S044

Cut			
			-

C001-1

Dialog
수경 : 아니, 걔가 내 이름을 알더라고.

Action Notes
수경 시선 왔다 갔다 하며

6+4

C001-2

Dialog
수경 : 난 전학생이라고 불렀는데….

C001-3

C002-1

Dialog
호란 : 좀 그랬겠네. 걔 반 애들 이름을 다 외워야 하지만,

Action Notes
** 호란 음료(트래비 캔) 추가.

9+6

C002-2

Dialog
호란 : 넌 한 명만 외우면 되잖아.
송희 : 맞아.

Cut			-
C003 1		Dialog 수경 : 알아. 내가 잘못한 거.	7+8
C003 2		Dialog 송희 : 그래서 그 애 이름이 뭔데? Action Notes 송희의 질문에 송희에게 시선 두는 수경.	
C003 3		Action Notes 수경, 이름을 말하려는데….	
C003 4		Dialog 소리(off) : 저기…	
C004 0		Dialog 소리 : 수경아…! Action Notes 목소리가 들린 쪽으로 카메라 PAN. 소리, 한 걸음 다가오며.	15+0

Cut		–

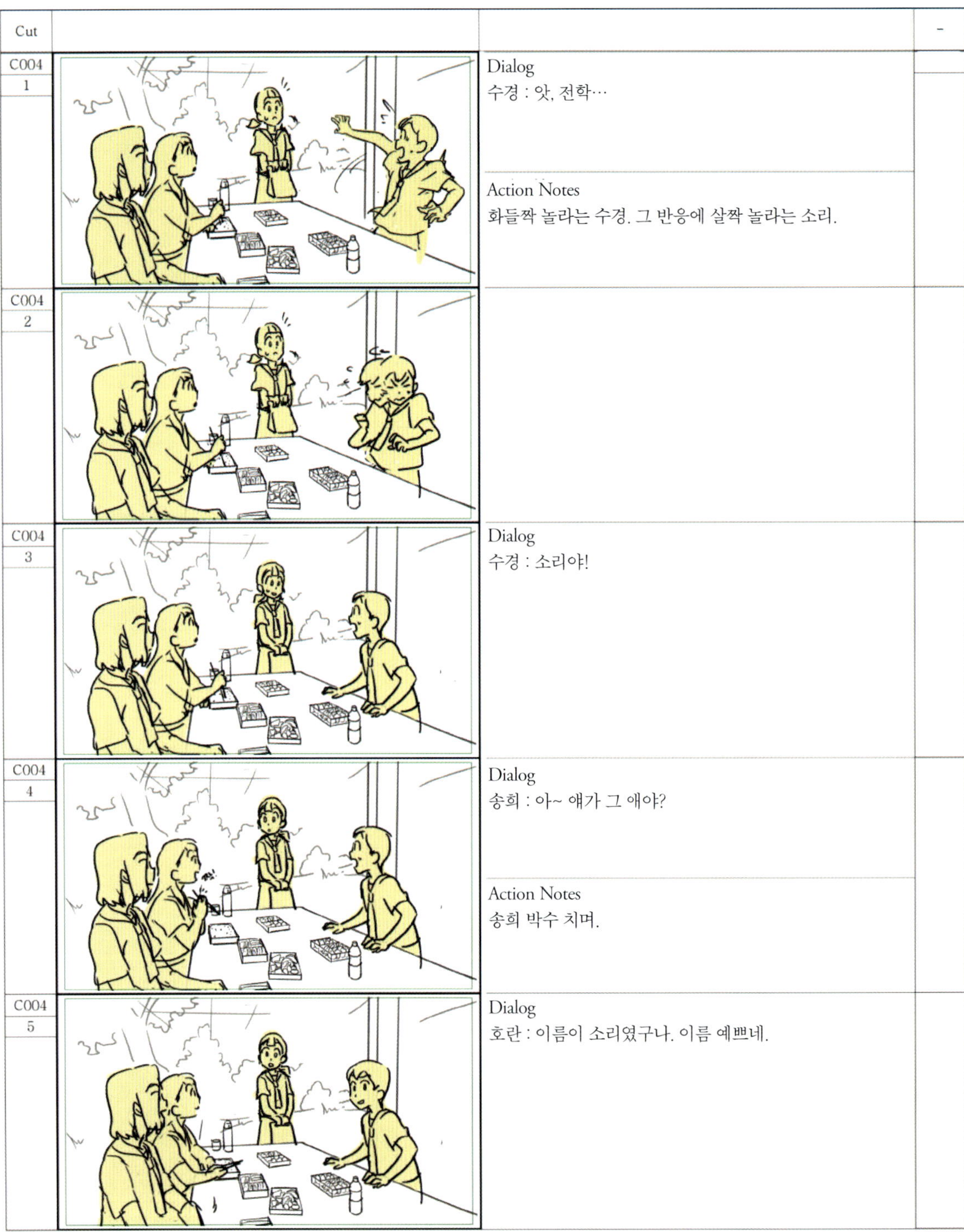

C004 / 1

Dialog
수경 : 앗, 전학…

Action Notes
화들짝 놀라는 수경. 그 반응에 살짝 놀라는 소리.

C004 / 2

C004 / 3

Dialog
수경 : 소리야!

C004 / 4

Dialog
송희 : 아~ 얘가 그 애야?

Action Notes
송희 박수 치며.

C004 / 5

Dialog
호란 : 이름이 소리였구나. 이름 예쁘네.

Cut			-

| C004 6 | | Dialog
소리 : 어? (나…?) | |

| C004 7 | | Dialog
수경 : 안 그래도 네 얘기 중이었거든! | |

| C004 8 | | Dialog
수경 : 이쪽은 3반 친구들이야. | |

| C005 1 | | Dialog
호란 : 안녕? 난 주호란. | 4+10 |

| C005 2 | | Dialog
송희 : 난 양송희야. | |

Cut			
			–
C006 1		Dialog 소리 : 아… 안녕…! 난 이소리야.	6+18
C006 2		Dialog 소리 : 저, 혹시	
C006 3		Dialog 소리 : 괜찮으면…	
C007 1		Dialog 소리 : 점심, 같이 먹어도 될까?	4+10
C007 2		Action Notes 봉투를 내미는 소리.	

Cut			–
C008 / 1			4+0
C008 / 2			
C008 / 3		Dialog 수경 : 괜찮지?	
C008 / 4		Dialog 송희, 호란 : 물론~.	
C009 / 1		Action Notes 소리, 기쁜 표정.	1+16

Cut				-

| C010
1 | 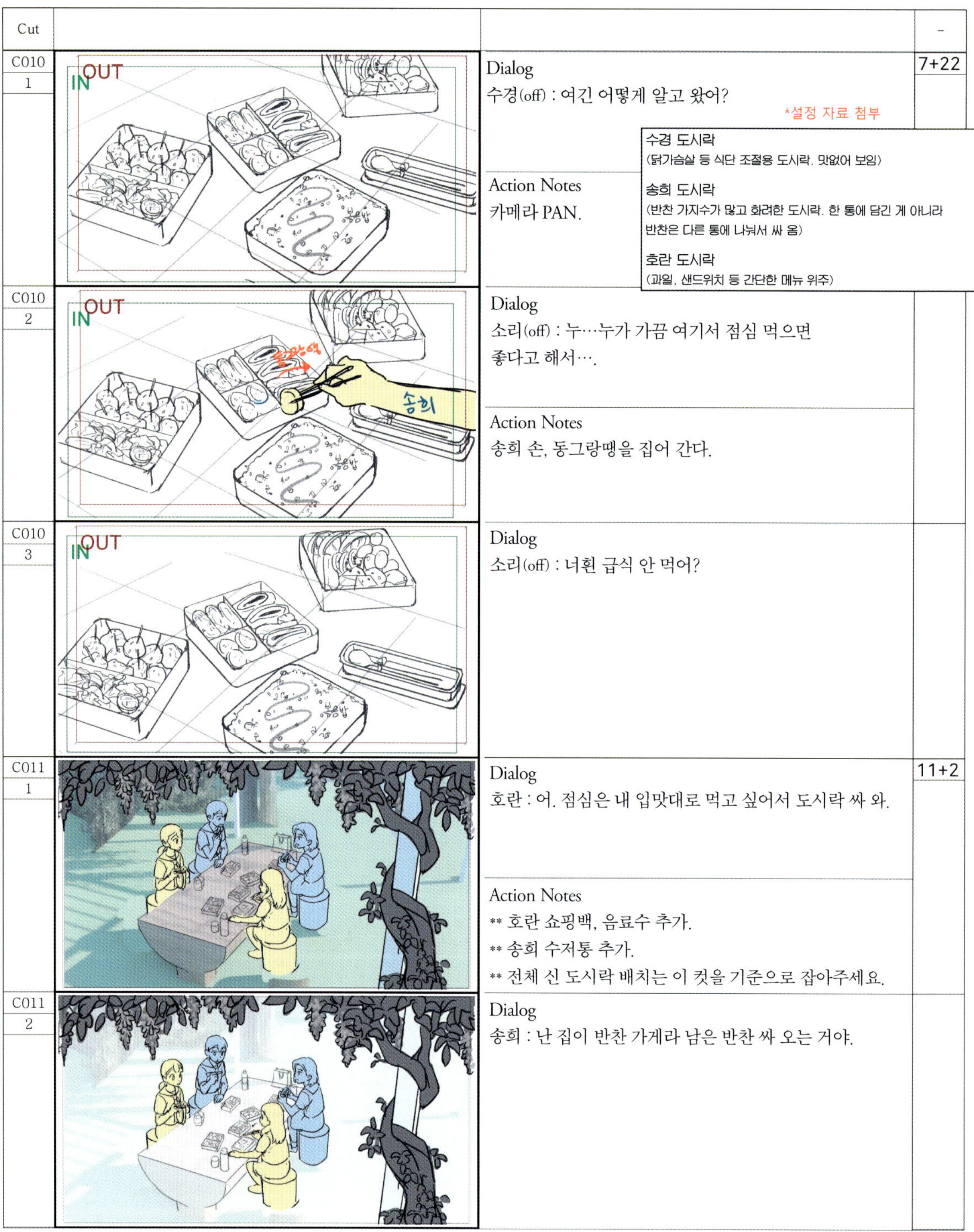 | Dialog
수경(off) : 여긴 어떻게 알고 왔어? | | 7+22 |

Action Notes
카메라 PAN.

C010 / 2

Dialog
소리(off) : 누…누가 가끔 여기서 점심 먹으면
좋다고 해서….

Action Notes
송희 손, 동그랑땡을 집어 간다.

C010 / 3

Dialog
소리(off) : 너흰 급식 안 먹어?

C011 / 1

Dialog
호란 : 어. 점심은 내 입맛대로 먹고 싶어서 도시락 싸 와.

Action Notes
** 호란 쇼핑백, 음료수 추가.
** 송희 수저통 추가.
** 전체 신 도시락 배치는 이 컷을 기준으로 잡아주세요.

11+2

C011 / 2

Dialog
송희 : 난 집이 반찬 가게라 남은 반찬 싸 오는 거야.

Cut			-

C011 / 3

Dialog
송희 : 이거 먹어볼래?

Action Notes
소리 쪽으로 닭강정 든 도시락을 내미는 송희.

C011 / 4

Dialog
소리 : 고마워…!

C012 / 1

Action Notes
닭강정 하나를 집어 들어 올리는 소리.

9+4

C012 / 2

Action Notes
소스가 살짝 흘러내리며 먹음직스러운 닭강정.

C012 / 3

Cut			–
C012 4			
C012 5		**Action Notes** 바사삭 소리. 볼 우물거리는 연기. ** 음식을 입에 넣고 "맛있다"라는 반응 애니적으로 표현. 〈SPECIAL / 생동감 느껴지게〉	
C012 6			
C012 7		**Action Notes** 맛있다!	
C012 8		**Dialog** 소리 : 음~.	

Cut			-
C012 9			
C012 10		**Action Notes** 꿀꺽, 닭강정 삼키며.	
C012 11		**Dialog** 소리 : 진짜 맛있다!	
C013 1		**Dialog** 수경 : 아~ 나도 먹고 싶다…. 닭가슴살 물려.	16+16
C013 2		**Dialog** 호린 : 참아. 넌 아무기나 먹으면 인 되잖아.	

Cut				–
C013 3		Dialog 소리 : 왜?		
C013 4		Dialog 수경 : 나 배구부라 빡세게 식단 조절 중이거든.		
C013 5		Dialog 수경 : 지역 대표 선발전이 얼마 안 남아서 말이야.		
C013 6		Dialog 소리 : 아…!		
C014 1		Dialog 송희 : 그리고 보니 올해 양궁부는 아쉽겠더라.		4+20

Cut			–
C014 2		Dialog 호란 : 맞아, 이제	
C015 1		Dialog 호란(off) : 정호연도 없으니까.	2+22
C015 2			
C016 1		Dialog 소리 : 정호연? Action Notes 빵 내려놓고 호란 쪽을 황급히 보는 소리.	10+0
C016 2		Dialog 수경 : 소리 넌 모르지? 우리 빈이었어. 양궁 되게 잘했는데.	

Cut			-

C016 / 3

Dialog
호란 : 2년 동안 걔가 대표였다가, 올해는 다른 애일걸?

C017 / 1 — 13+6

Dialog
호란(off) : 얼마 전에 전학 갔거든.

C017 / 2

Dialog
소리 : …!

Action Notes
동공 흔들리는 소리.

C017 / 3

C017 / 4

Dialog
소리(Na) : 전학…

Cut			-
C017 5		Action Notes 느리게 커튼이 펄럭이며 화면 전환. ** 커튼 3D 액팅 + 질감 표현 필요.	
C017 6		Dialog 소리(Na) : 그랬구나⋯.	
C017 7			
C017 8		Dialog 소리(Na) : 지금 내 자리가 호연이가 앉은 자리였어. Action Notes 배경의 커튼도 앞의 커튼 움직임에 맞춰 부드럽게 흔들린다.	
C017 9		Action Notes 사리에 호연이 앉아 있다.	

Cut			
			–
C018 1		Dialog 소리 : ⋯.	5+16
C018 2		Dialog 송희(off) : 그럼 올해는 동순이가 대표 하려나?	
C018 3		Action Notes '동순' 이름에 돌아보는 소리.	
C019 1		Dialog 수경 : 아니. 걔도 양궁부 탈퇴했대.	14+4
C019 2		Dialog 수경 : 아마 안승규가 하지 않을까?	

C019 / 3

Dialog
수경 : 걔가 지금 제일 잘하니까.

Action Notes
고개 끄덕이며 먹는 호란.

C019 / 4

Action Notes
고민하는 소리.

C019 / 5

Action Notes
소리 주머니 뒤적이는 어깨 움직임.
카메라 살짝 PAN.

C019 / 6

Dialog
소리 : 얘들아, 혹시….

C019 / 7

Action Notes
무언가 들어 올리는 소리에서 장면 전환.

LICO S096 Page 1/11

Cut			–
S096 C001		Notes ** 손잡이 잡고 내리는 문 구조 참고.	1 + 16
S096 C001		Action Notes 빠르게 문을 열고 나오는 소리.	
S096 C001			
S096 C002		Action Notes 달려 나오지만 힘들어서 자세가 점점 무너진다. 살짝 카메라 이동.	1 + 16
S096 C002			

Cut			−
S096 C 002			
S096 C 003		Action Notes 전 컷과 H.U. 숨이 찬 듯 멈추며 숨 고른다.	2+14
S096 C 003			
S096 C 003			
S096 C 003			

Cut			–
S096 C003		Action Notes 숨을 고른다.	
S096 C003			
S096 C004		Action Notes H.U.	9+10
S096 C004		Action Notes 앞쪽에서 반딧불이 서서히 날아오르며 소리 고개 든다. (3D 카메라) ** 3D 가이드 영상 참고.	
S096 C004			

Cut		-

S096 C004 — **Action Notes**
카메라 3D로 전환.
반딧불, 앞쪽(수풀 쪽)에서 바람과 함께 날아오는 느낌.

S096 C004

S096 C004

S096 C004

S096 C004 — **Dialog**
호연(Na) : 몰랐으면 하는 마음,

Cut		-

| S096
C005 | 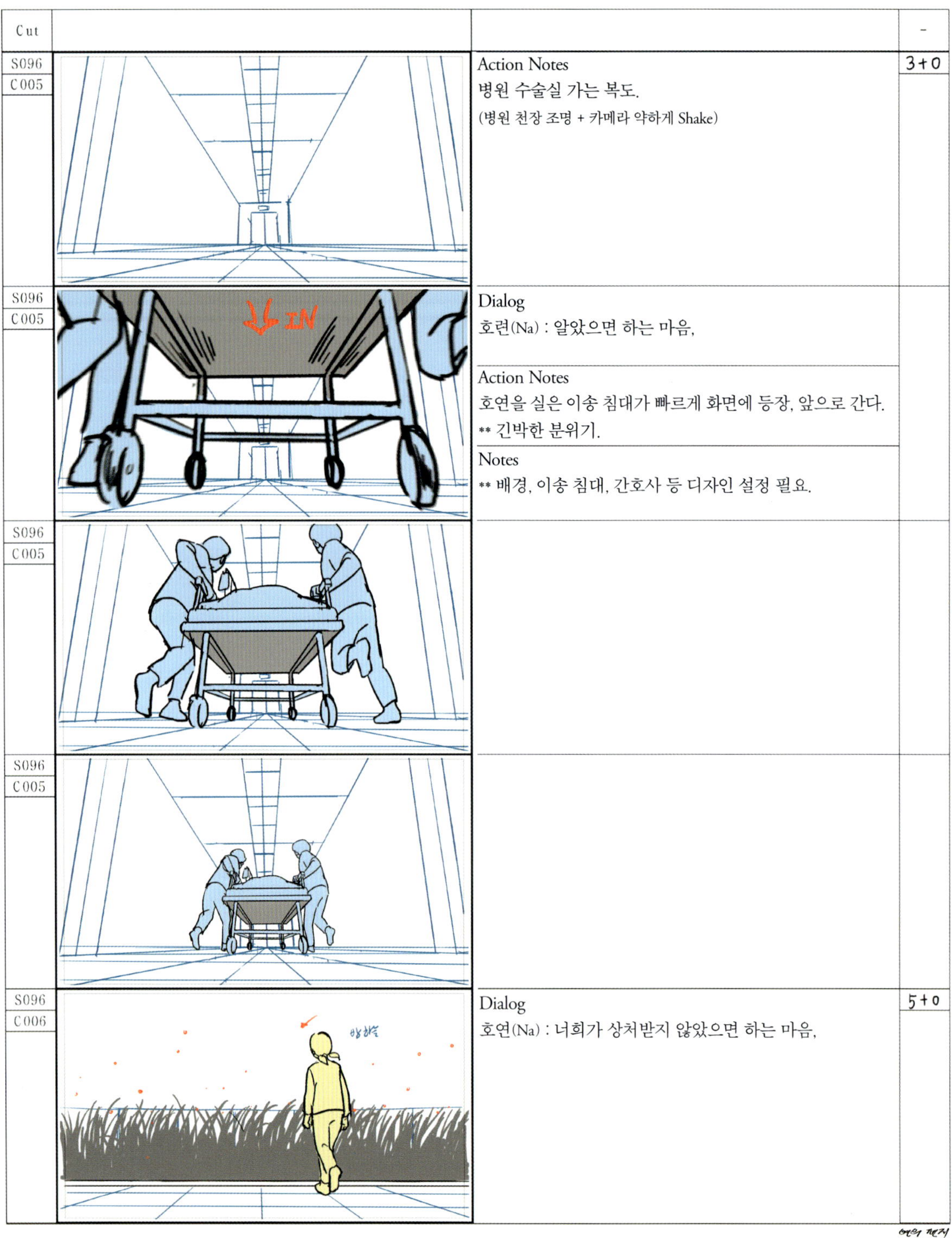 | Action Notes
병원 수술실 가는 복도.
(병원 천장 조명 + 카메라 약하게 Shake) | 3+0 |

S096 / C005

Dialog
호련(Na) : 알았으면 하는 마음,

Action Notes
호연을 실은 이송 침대가 빠르게 화면에 등장, 앞으로 간다.
** 긴박한 분위기.

Notes
** 배경, 이송 침대, 간호사 등 디자인 설정 필요.

S096 / C005

S096 / C005

S096 / C006

Dialog
호연(Na) : 너희가 상처받지 않았으면 하는 마음,

5+0

Cut			-
S096 C006		Action Notes 수풀 안으로 걸어 들어가는 소리.	
S096 C006			
S096 C006			
S096 C007	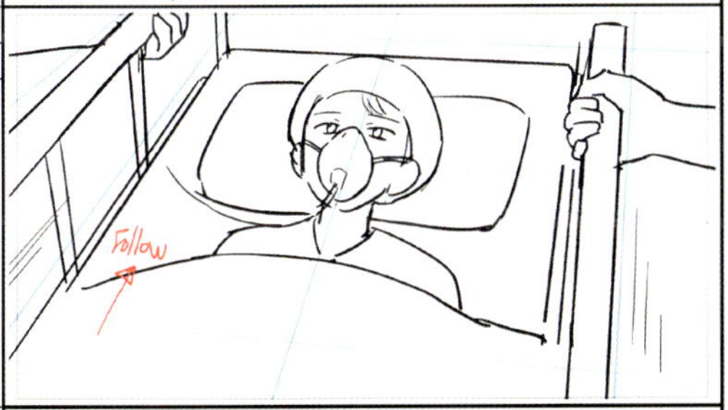	Dialog 호연(Na) : 응석 부리고 싶은 마음, Action Notes 침대에 누워 천장 보는 호연. 빠르게 이동 중인 침대 Follow. (호연 얼굴로 지나가는 천장 조명 빛 + 그림자) Notes ** 소품 설정 필요. 수술실(중환자실)로 이동하는 느낌이 잘 느껴지도록 소품 디테일 필요. ** 레퍼런스 참고.	3+8
S096 C008		Dialog 호연(Na) : 외로울까 봐 무서운 마음. Action Notes 카메라 PAN. 편지 찾는 소리. 소리가 걸음을 옮길 때마다 반딧불 차례대로 날아오른다. Notes ** 반딧불 날아오르는 레퍼런스 필요.	5+6

Cut			–

S096 C008 		

S096 C008		Action Notes 편지를 찾은 듯 멈춘 소리.

S096 C008 		

S096 C009		Dialog 호연(Na) : 편지를 찾았으면 좋겠다. Action Notes 호연 POV. 의식이 흐린 듯 초점이 맞았다 나갔다 한다. (카메라 약하게 Shake)	4+12

S096 C009 		

Cut			–
S096 / C009			
S096 / C009			
S096 / C010	Dialog 호연(Na) : 못 찾았으면 좋겠다. Action Notes 호흡에 의해 김이 서리는 산소 호흡기. 빠르게 이동 중인 침대 Follow.　(호연 얼굴로 지나가는 천장 　　　　　　　　　　　　　　조명 빛 + 그림자)		3+12
S096 / C010	Action Notes 서서히 눈 감는다.		
S096 / C011	Dialog 호연(Na) : 나를 잊었으면, Action Notes 동순, 수화기 놓는다. 카메라 PAN.		5+10

Cut			-

S096
C011
OUT IN
S096
C011
OUT IN
S096
C011
OUT
Action Notes
눈물 훔치는 동순.
S096
C011
S096
C011

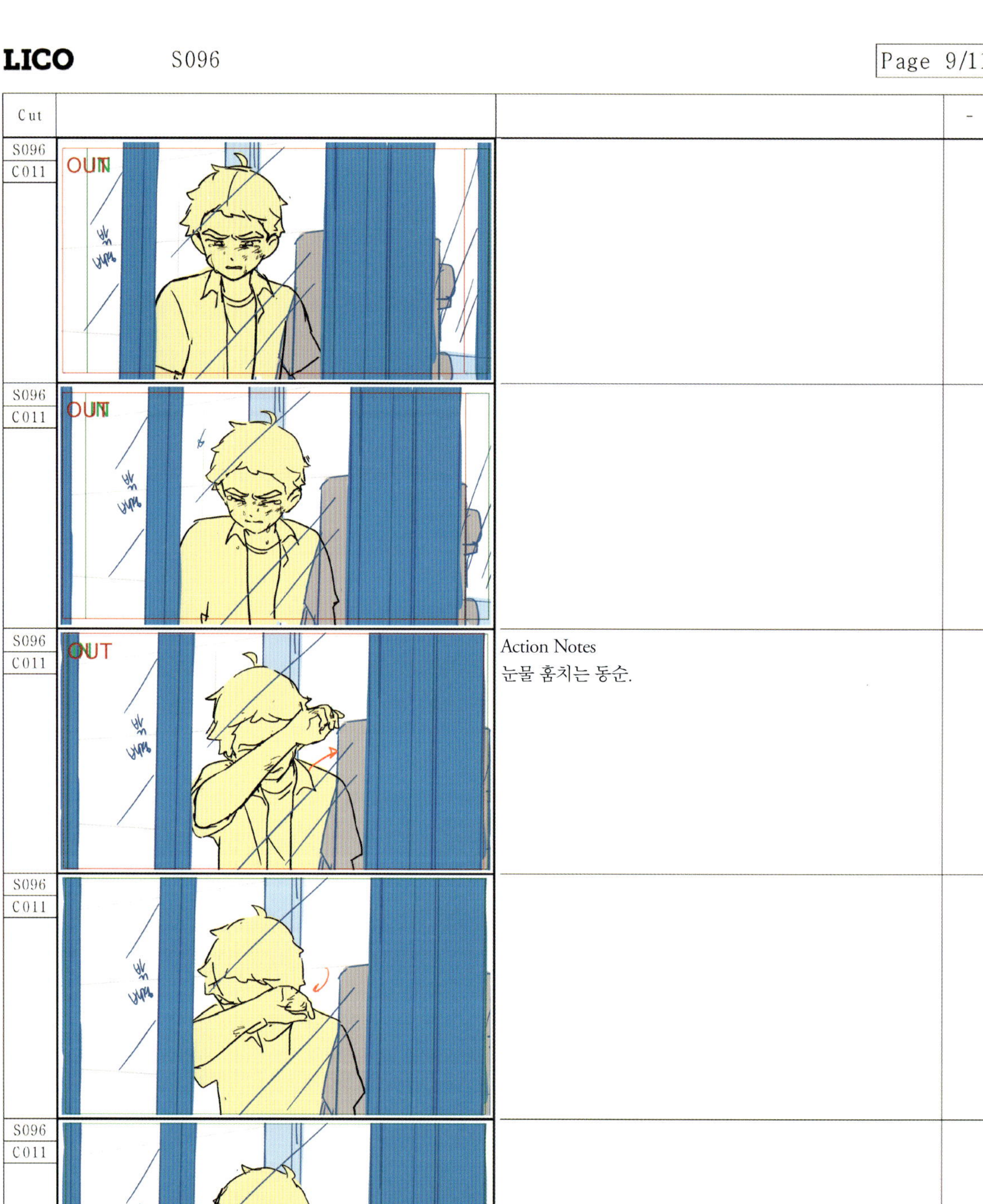

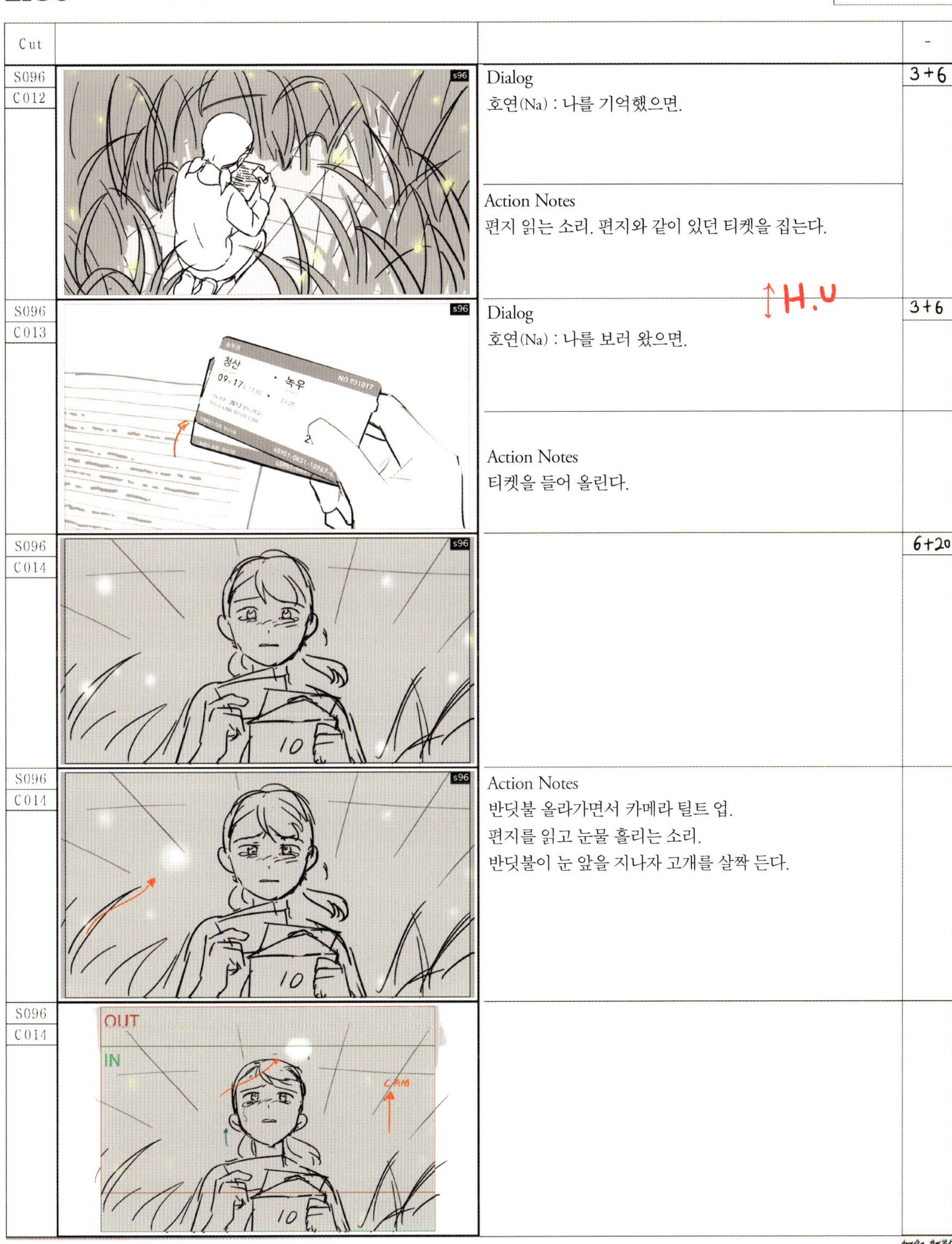

Cut			-
S096 C012		Dialog 호연(Na) : 나를 기억했으면. Action Notes 편지 읽는 소리. 편지와 같이 있던 티켓을 집는다.	3+6
S096 C013		Dialog 호연(Na) : 나를 보러 왔으면. Action Notes 티켓을 들어 올린다.	3+6
S096 C014			6+20
S096 C014		Action Notes 반딧불 올라가면서 카메라 틸트 업. 편지를 읽고 눈물 흘리는 소리. 반딧불이 눈 앞을 지나자 고개를 살짝 든다.	
S096 C014			

Cut		–

S096 C015	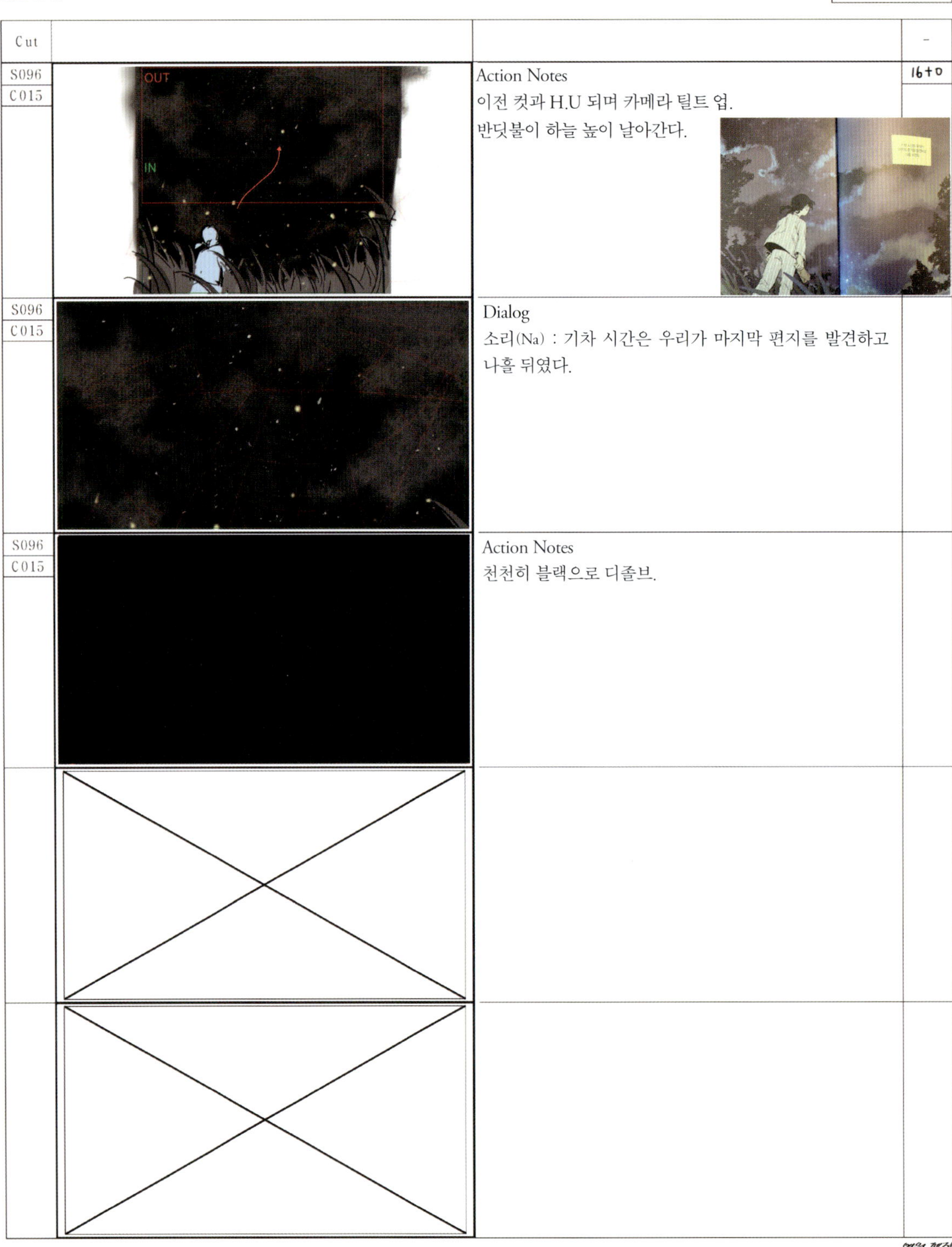 Action Notes 이전 컷과 H.U 되며 카메라 틸트 업. 반딧불이 하늘 높이 날아간다.	16+0
S096 C015	Dialog 소리(Na) : 기차 시간은 우리가 마지막 편지를 발견하고 나흘 뒤였다.	
S096 C015	Action Notes 천천히 블랙으로 디졸브.	

LICO 에필로그

Cut		-

epilogue
C001

Action Notes
호연이 사진 찍는 POV(핸드헬드). 사진기 프레임
(촬영 때 결정).
눈 쌓인 운동장. 눈이 신기한 듯 구경하는 부하.
함박눈이 조금씩 내린다.

Notes
** 레퍼런스 액팅 참고(눈에 시선이 따라감. 팔 휘젓기 등 동작).

04:22

epilogue
C001

epilogue
C001

epilogue
C001

epilogue
C001

Action Notes
부르르 눈 터는 부하.

| Cut | | – |

| epilogue C001 | | |

Dialog
음향 효과 : 찰칵!

Action Notes
사진 찰칵 찍는 효과.
찍으면서 다음 컷으로 전환. 혹은 잠시 정지화면.
(사진 찍힌 느낌)

| epilogue C002 | | 04:08 |

Action Notes
호란과 오랜만에 만나서 달라 붙어 있는 수경,
구경하며 웃고 있는 순이 기사와 송희.
그 뒤로 눈 쌓인 학교 배경과 졸업하는 학생들이 보인다.

Notes
** 수경만 다른 학교(체육 고등학교)인 설정.
** 캐릭터는 성우 애드리브로 녹음.

| epilogue C002 | | |

Action Notes
송희, 카메라 쪽을 발견하고 알린다.

| epilogue C002 | | |

Action Notes
포즈 잡는 네 사람.

| epilogue C002 | | |

Dialog
음향 효과 : 찰칵!

Action Notes
찰칵, 효과 나오며 전환.

Cut		–
epilogue C003	Action Notes 얘기 중인 고등학생 소리, 동순.	12:00
epilogue C003	Action Notes 호연이 쪽 보더니 다가와서 카메라를 뺏는 동순.	
epilogue C003		
epilogue C003		
epilogue C003	Action Notes 셀카 방향으로 전환(Whip PAN 느낌으로 휙 전환).	

Cut		–

epilogue
C003

epilogue
C003

Action Notes
꽃다발 든 호연, 카메라를 든 동순이 화면에 보인다.

epilogue
C003

Action Notes
소리부터 시작하여 친구들과 순이 기사님,
하나둘씩 프레임에 들어온다.

epilogue
C003

epilogue
C003

Dialog
수경 : 나도, 나도!

Action Notes
아이들 대사 작게 들린다.

Cut			-
epilogue C003		**Dialog** 소리 : 빨리 와!	
epilogue C003			
epilogue C003		**Dialog** 동순 : 하나, 둘~	
epilogue C004	사진 찍는 효과. (찰칵!)	**Dialog** 음향 효과 : 찰칵!	07:16
		Action Notes 사진 찍으며 다음 컷 전환.	
epilogue C004	OUT	**Action Notes** 아지트에 걸어놓은 폴라로이드 사진들.	
		Notes ** 폴라로이드 아래는 소리 글씨. ** 왼쪽 사진은 단행본 외전 장면, 오른쪽 사진은 고등학교 　교복(춘추복, 둘 다 조끼 입음).	

PART 3

편지로 남은 이야기

성우 인터뷰

이수현(소리 역)

Q 간단하게 인사와 자기소개 부탁드릴게요.

안녕하세요. 저는 〈연의 편지〉에서 소리 역할을 맡은 이수현입니다.

Q 〈연의 편지〉는 어떤 작품인지 짧게 소개해 주실 수 있을까요?

〈연의 편지〉라는 영화는요, 책상 서랍에서 우연히 의문의 편지를 발견하게 된 전학생 소리가 편지 속 힌트로 이어지는 다음 편지들을 찾아가며 벌어지는, 아주 흥미로운 이야기입니다.

Q 〈연의 편지〉와는 어떻게 인연을 맺게 되었는지, 목소리 연기로 참여하시게 된 계기가 궁금합니다.

저는 웹툰과 만화책, 애니메이션을 모두 워낙 좋아하는데요, 이번에 〈연의 편지〉가 애니메이션 영화로 만들어진다고 들었을 때 너무 놀랐어요. 〈연의 편지〉 만화책이 이미 제 책장에 있었거든요. 제 기억으로는 아마 팬분께서 제게 선물해 주셨던 것 같은데, 정말 재미있게 봤던 만화 속 인물들이 애니메이션 안에서 어떻게 바뀌고 살아 움직일까 엄청 궁금했어요. 애니메이션을 누구보다 먼저 보고 싶은 마음이 컸는데, 마침 제가 오리지널 목소리로 연기를 할 수 있는 기회를 제안해 주셔서 (무지 고민을 하긴 했지만) 영광스러운 기회라고 생각하고 도전하게 됐습니다.

 목소리로 연기하신 소리는 어떤 캐릭터인가요?

소리는 굉장히 똑부러지고 똑똑한, 어른스러운 친구예요. 저보다 훨씬 어린 친구이지만 소리에게 많은 걸 배우고 있어요. 주변을 생각하는 마음, 그러니까 가족, 친구들을 생각하고 위하는 깊은 마음과 그 마음을 행동으로 실천하는 모습이 존경스러운 부분이라고 생각해요.

 이번이 목소리 연기로 참여한 첫 작업인데요. 새로운 영역에 도전하게 된 소감을 들어보고 싶습니다.

너무 영광이고, 너무 행복하고, 너무 떨리고… 여러 가지 감정이 듭니다.
원래 저는 목소리로 할 수 있는 다양한 일들을 좋아하고 또 관심이 많았어요. 노래하는 '가수'라는 직업을 가지고 있긴 하지만 목소리 연기라는 영역은 노래가 아닌 또 다른 세계인 거잖아요. 목소리로 작업할 수 있는 또 다른 영역이기에 항상 흥미가 있었고, 굉장히 재미있어 보인다고 생각했어요. 언젠가 기회가 된다면 제대로 배워서 한번 해보고 싶다는 생각을 해왔고요. 게다가 애니메이션을 워낙 좋아하다 보니 성우분들의 연기를 항상 동경해 왔습니다.

 목소리 연기에 도전하기 위해 특별히 준비하거나 노력했던 부분이 있다면 소개해 주세요.

캐스팅을 받고 소리의 목소리를 녹음하는 순간까지 그렇게 시간이 충분하지는 않았어요. 물론 제 기준에서요. 그래서 시간을 쪼개가며 더빙 디렉터 선생님께 레슨을 정말 많이 받았던 것 같아요. 어느 날 디렉터 선생님께서 제게 이런 말씀을 해주시더라고요. 다른 직업군에 있는 사람이 처음 목소리 연기에 도전하는 경우를 많이 봤는데, 수현 씨는 그 누구보다 시간을 많이 들여 연습하고 공을 들인 사람이니 자부심을 느끼라고요. 그 말씀을 듣고 더욱 열심히 해야겠다는 생각을 했어요. 열심히 하겠습니다!

 실제 녹음 현장에서 본인만의 노하우나 팁이 있었다면 공유
해 주세요.

노하우요? 그런 건 전혀 없고요. 녹음을 하면 할수록 '성우
는 정말 대단한 직업이야!'라고 생각했습니다. 노래와 목소
리 연기가 발성과 관련된 작업인 만큼 비슷한 면이 있지 않
을까 생각했는데, 완전히 다르더라고요. 제가 잘 쓰지 않는
발성을 써야 해서, 계속 폐에 숨이 너무 차는 거예요. 그래서
녹음하는 중간중간 긴 한숨을 쉬었어요. 힘들어서가 아니
라, 숨을 빼는 작업이 필요해서요.

 소리를 연기하면서 가장 중점을 둔 감정이나 표현은 어떤 것
이었는지도 궁금합니다.

제게는 가장 어려운 부분이었는데요. 소리라는 캐릭터를 어
떻게 만들어야 할지, 소리의 나이와 성격, 환경 등 모든 것들
을 생각했을 때 어떤 목소리를 만들어야 할지 고민을 정말
많이 했어요. 누구나 말할 때 자신만의 톤을 가지고 있잖아
요. 제가 생각했을 때 소리는 저와 비슷한 목소리를 갖고 있
을 것 같진 않았거든요. 훨씬 밝고 명랑하고, 또랑또랑한 목
소리를 가지고 있을 거라 생각했어요.
그런데 오히려 〈연의 편지〉 제작진 분들은 "목소리에 원래
수현 씨가 함께 녹아들었으면 좋겠다"라고 말씀을 해주시
더라고요. 결국에는 제 목소리와 소리의 중간 지점에 있는
톤을 찾으려고 굉장히 고민하고 노력했어요.

 연기하면서 즐거웠던 순간이나 반대로 특히 힘들었던 경험이
있다면 들려주세요.

소리를 통해서 제가 동경하고 좋아하는 그림의 세상으로 들어갈 수 있어서 너무 행복했고요, 애니메이션을 좋아하는 사람으로서 이런 기회를 가질 수 있어 정말 즐거웠습니다. 소리를 연기할 때마다 마치 '이세계'에 왔다 갔다 하는 것 같았어요. (웃음) 소리에게 너무 고마운 일이죠.

물론 힘들었던 점도 있었습니다. 저는 사실 감정을 표출하는 일에 익숙하지 않거든요. 그런 점에서 소리와 닮아 있긴 하지만 그럼에도 결국 눌러왔던 모든 감정이 울컥하고 터지는 장면들이 있어요. 저는 예쁘게 우는 타입이 아니라서 소리의 예쁜 목소리로 울어야 하는 장면이 쉽지 않았던 것 같아요.

 작품에서 가장 좋아하는 장면이 있다면 소개해 주세요.

제가 가장 좋아하는 장면은 스포가 될까 봐 말씀을 못 드릴 것 같아요. 일단 애니메이션 영화 〈연의 편지〉는 작화가 정말 예뻐요. 만화책으로도 좋아했지만, 애니메이션으로 옮겨진 〈연의 편지〉를 처음 보았을 때 "와~ 최고!"라는 말이 절로 나왔을 만큼 작화에 대한 만족도가 아주 높습니다. 물론 캐릭터들도 너무 귀엽지만 하나하나 디테일하게 신경 쓴 풍경 작화가 너무나도 웅장하고 아름다워서 보는 것만으로도 눈이 호강하는 것 같았습니다.

 그중에서도 특히 마음에 남는 대사가 있다면 소개 부탁드

려요.

뜬금없다고 생각하실 수도 있는데, 저는 "할머니~!"라는 대
사를 무척 좋아해요. 거의 극 초반에 나오거든요. 내레이션
이후로 처음 내뱉는 대사일 거예요. 첫 레슨을 받을 때 '할머
니'라는 단어만 한 삼백 번 정도 외쳤기 때문에, 저에게는 가
장 애정이 깊은 대사인 것 같아요.

 〈연의 편지〉를 보게 될 관객들에게 마지막으로 전하고 싶은

말이 있을까요?

한국에서 이렇게 멋진 오리지널 애니메이션 작품이 나왔다
는 사실이 애니메이션을 좋아하는 한 명의 팬으로서도 행복
한 일이지만, 그 작업에 제가 함께할 수 있어서 더욱 영광인
시간이었습니다. 애정을 가지고 많은 시간을 쏟아서 열심히
더빙했으니까 예쁘게 봐주시고, 〈연의 편지〉 많이 사랑해 주
시면 감사하겠습니다.

Q 〈연의 편지〉에서 동순 역을 맡으셨습니다. 간단히 인사 부탁
드릴게요.

안녕하십니까. 이번 〈연의 편지〉에서 동순 역할을 맡은 성우
김민주입니다.

Q 동순은 어떤 캐릭터인가요?

동순은 호연의 친구이자, 소리와 함께 호연의 편지를 찾아
가는 인물이에요. 양궁부 소속의 소년인데, 처음엔 다소 차
갑고 무뚝뚝해 보일 수 있지만, 과거에 어떤 사연이 있었던
듯한 입체적인 캐릭터예요. 그 복합적인 감정을 자연스럽게
담아내기 위해 노력했습니다.

오디션을 통해 동순 역에 참여하게 되었어요. 감사하게도
캐스팅이 되어 정말 기뻤어요. 기대 반 긴장 반의 마음으로
준비했고, 제가 맡은 역할을 굉장히 잘 해내고 싶어서 가이
드 영상을 여러 번 보며 캐릭터에 몰입하려고 애썼습니다.
동순이라는 캐릭터는 사실 제게 자신 있는 역할은 아니었어
요. 감정을 툭툭 내뱉고, 표정이 잘 드러나지 않는 인물이라
처음엔 제 스타일과는 조금 다르다고 느꼈거든요. 저는 평
소에 표현을 많이 하는 스타일이라 동순을 연기하는 게 쉽
지만은 않았죠. 그래서 제 안에서 끌어내기보다는, 저의 시
선으로 바라본 동순의 이미지를 연기에 담아내려고 했던 것
같아요.

함께 작업한 이수현 님의 연기는 어떻게 보셨나요?

동순과 소리가 함께 대화하는 장면이 많다 보니, 자연스럽
게 호흡을 맞추는 것이 중요했어요. 감독님과 PD님께 부탁
을 드려서 수현 님의 녹음된 연기를 들으면서 녹음할 수 있
었어요. 자연스러운 느낌을 위해 이미지 트레이닝을 하고
싶어서 개인적으로도 수현 님의 연기 영상을 많이 찾아봤
어요.
수현 님은 목소리를 굉장히 섬세하게 잘 다루시는 분이라,
그런 특징이 연기에도 묻어나오더라고요. 너무 무겁거나 진

지한 느낌보다 가볍고 자연스럽게 흘러가는 감정 표현이 소리와 정말 잘 어울린다고 느꼈어요. 음악적 감성이 연기와 어우러진 모습이 무척 인상 깊었습니다.

 기억에 남는 장면이나 대사가 있다면 소개해 주세요.

모든 장면이 소중하지만, 특히 동순이 호연 앞에서 엉엉 우는 장면이 인상 깊었어요. 평소의 동순과는 다른 면모라서 더 귀엽게 느껴졌거든요.

또 하나는 동순과 호연이 '마법'에 대해 이야기하는 장면인데요, 호연이 이렇게 말하는 대사가 있어요.

"기적을 만들려면 생각보다 오랜 시간과 정성이 들어가. 그래서 어느샌가 당연한 것처럼 착각하기 쉽지. 아픈 사람을 치료하거나 하늘을 날게 된 것도 마찬가지야. 그게 당연하고 시시하게 여겨지는 순간, 기적이나 마법이 아니게 되는 거래."

이 대사를 듣고, '내가 지금까지 익숙하고 당연하게 받아들였던 것들이 사실은 마법 같은 일이 아니었을까' 하는 생각이 들었어요. 마음을 묵직하게 울리는 대사였습니다.

 〈연의 편지〉를 관람하시는 분들이 특히 주목하면 좋을 관람
포인트가 있을까요?

그림과 음악, 이야기의 조화가 정말 뛰어나서 자연스럽게
몰입이 되는 작품이라 스토리의 흐름을 따라가며 감상하신
다면 더 깊은 감동을 느끼실 수 있을 거예요. 개인적으로는
소리의 시점, 동순의 시점, 호연의 시점, 이렇게 세 가지 관
점으로 보면 조금씩 다른 이야기가 펼쳐지는 느낌이라 여러
번 보면 더 풍성하게 감상하실 수 있을 것 같아요. 가능하다
면… 세 번 감상 부탁드립니다! (웃음)

 마지막으로 〈연의 편지〉를 기다려주신 분들께 한말씀 부탁드
립니다.

〈연의 편지〉는 정말 많은 분들의 정성과 애정이 담긴 작품
입니다. 저 역시 녹음하고, 수정하고, 또다시 수정하면서 열
심히 다듬었어요. 이 영화가 여러분의 마음에 작은 위로가
되었으면 좋겠습니다.

민승우 성우(호연 역)

Q 간단하게 인사와 자기소개 부탁드릴게요.

안녕하세요. 애니메이션 영화 〈연의 편지〉에서 호연 역을 맡은 민승우라고 합니다. 반갑습니다.

Q 성우님께서 연기하신 호연은 어떤 캐릭터인가요?

호연은 아주 신비로운 인상을 주는 친구예요. 동순의 친구였지만 어느 날 갑자기 한마디 말도 없이, 이유도 알려주지 않고 돌연 사라져 버렸죠. 하지만 단서를 남겨두었습니다. 학교 곳곳에 자기의 흔적인 편지를 숨겨뒀거든요. 더 자세한 내용은 스포가 될 것 같아서, 이야기 속에서 확인하시길 바랍니다.

Q 〈연의 편지〉에 참여하시게 된 계기와, 작업을 마친 소감이 궁금해요.

우선 정말 감사하게도, PV(프로모션 영상) 단계에서부터 제작사와 원작사 측에서 제 목소리를 좋게 봐주셔서 자연스럽게 인연이 닿게 됐고, 그 인연이 본편까지 이어져서 애니메이션 영화 〈연의 편지〉에도 참여하게 되었어요. 무엇보다 제가 개인적으로도 정말 좋아하던 작품이라 감회가 남달랐습니다. 오랜 시간 정성 들여 준비해 온 이 소중한 이야기가 관객 여러분께 잘 전해졌으면 하는, 마치 호연의 마음처럼 진심으로 임했던 작업이었습니다.

Q 이번 작품에서 소리 역을 맡은 이수현 님의 연기를 보셨을 텐데요, 인상 깊었던 점이나 기대되는 부분이 있으셨다면 말씀해 주세요.

이 질문에는 제가 사심을 숨길 수가 없어요. 우리나라에서 수현 님의 목소리를 한 번도 들어보지 않은 분이 과연 계실까 싶을 정도로, 정말 많은 분들이 사랑하는 아티스트잖아요. 노래뿐만 아니라 감정 표현이나 예술적인 감수성도 탁월하신 분인데요. 녹음 현장에서 실제로 수현 님의 연기를 들었을 때 정말 놀랐습니다. 첫 더빙이라고 믿기 어려울 만큼 자연스러웠고, 소리 특유의 순수함과 솔직함, 섬세한 감정선이 고스란히 담겨 있었거든요. 마치 숨을 쉬듯 자연스러운 연기였다고 할까요.

저도 같은 장면을 연기하면서 "이렇게 훌륭한 연기에 누가 되면 안 되겠다"라는 생각이 들어서 더 진실하게, 온 마음을 담아서 연기하는 데 도움이 됐습니다.

배우로서 좋은 자극을 받은 시간이었고, 개인적으로는 정말 감명 깊게 본 연기였습니다.

Q 녹음하면서 특히 기억에 남는 장면이나 대사가 있다면 공유해 주세요.

많은 분들이 PV로 먼저 접하셨던 장면이기도 한데요, 호연이 말하는 "드디어 찾았다!"라는 대사가 가장 기억에 남습니다. 짧은 예고편으로 볼 때와는 또 다르게 스토리의 흐름 속에서 이 장면을 마주하면 울림이 훨씬 더 크게 다가올 거예요. 굉장히 아름답게 완성된 그 장면에서 잔잔하지만 큰 울림을 느껴보셨으면 좋겠습니다.

그리고 또 하나는, 수현 님의 목소리가 전해주는 담백하고 진솔한 감정선—그 울림이 정말 깊고 진해서 꼭 좋은 사운드 시스템이 갖춰진 극장에서 경험해 보셨으면 좋겠어요.

Q 〈연의 편지〉를 더욱 깊이 있게 즐기기 위해 주목하면 좋을 관람 포인트가 있다면 알려주세요.

많은 분들이 언급하실 것 같긴 하지만, 역시 '작화'는 꼭 짚고 넘어가야 할 부분입니다. 진심으로 감탄할 만큼 아름다

운 장면들이 많아요. 그리고 저는 그 위에 음악과 성우들의
솔직하고 담백한 연기까지 모든 것이 더해졌을 때 이 작품
이 정말 특별해졌다고 생각해요.

〈연의 편지〉는 최근 보기 드문 '힐링 애니메이션 영화'이기
도 해요. 마음을 편하게 열고 보시면 어느 순간 따뜻하고 몽
글몽글한 감정을 느끼실 수 있을 거예요. 조용한 위로가 스
며들어 마치 치유받는 듯한 느낌이 드는 작품으로, 감히 자
신 있게 추천드리겠습니다.

 마지막으로 〈연의 편지〉를 기다려주신 관객들에게 전하고 싶
은 말이 있다면 부탁드립니다.

〈연의 편지〉는 정말 많은 분들의 사랑과 정성이 모여 탄생
한 작품입니다. 긴 시간 동안 기다려주신 만큼, 그 기대에 부
응할 수 있도록 저희 모두가 최선을 다해 만들었어요.

음악, 연기, 작화 모든 면에서 어느 하나 빠지지 않고 어우러
진 '국산 애니메이션 영화'라는 자부심이 있습니다. 꼭 극장
에서 만나주시고, 따뜻한 마음으로 감상해 주시면 감사하겠
습니다.

Q 이번 〈연의 편지〉에서 승규 역으로 참여하셨는데요, 승규는 어떤 인물인지 소개해 주세요.

안녕하세요. 승규 역을 맡은 성우 남도형입니다. 승규는 한때 동순과 가까운 친구 사이였지만, 어떤 사건을 계기로 멀어지게 된 인물이에요. 캐릭터 자체로도 너무 매력 있지만, 극의 긴장감을 이끌어내는 존재로서의 의미가 크다고 생각해요. 그 점이 오히려 승규의 가장 큰 매력일지도 모르겠습니다.

Q 연기할 때 특히 중점을 둔 부분이 있으셨다면요?

작품 속에서 극의 긴장감을 이끌어내는 역할이다 보니, 인물의 다양한 모습을 보여주기보나는 오히려 시종일관 캐릭터의 일관성을 유지하는 게 굉장히 어려웠어요. 작품은 히어로물처럼 선악이 뚜렷한 구조가 아니고, 승규도 결국은 사랑스러운 10대 캐릭터 중 한 명이거든요. 그래서 작품을 빛내기 위한 역할에 충실하면서도, 작품의 톤에 자연스럽게 조화가 되도록 연기하는 데 중점을 뒀습니다.

〈연의 편지〉는 이미 많은 분들이 사랑하셨던 작품이라, 영화 제작 소식을 접했을 때부터 큰 기대를 품고 있었어요. 성우들에게 오디션 연락이 오기 전부터 언론을 통해 먼저 제작 소식이 알려졌던 터라, 저 역시 '혹시 연락이 올까?' 하는 마음으로 조심스럽게 기다렸죠. 워낙 참여하고 싶은 작품이었으니까요. 간절히 원하며 기다리던 중에 연락이 왔을 때 너무 신기하기도 했고, 오디션에 참여할 수 있는 기회가 주어지는 것만으로도 감사하고 행복했습니다.

사실 오디션 결과가 나올 때까지 꽤 긴 시간이 걸렸어요. 보통 1-2주나 빠르면 며칠 안에 결과가 나오는 경우도 많은데, 이 작품은 시간이 좀 걸려서 '아쉽지만 여기까지구나' 하고 마음을 접으려 했던 참이었죠. 저를 포함해서 많은 성우들이 그랬을 것 같아요. 그런데 그 뒤에 캐스팅 연락을 받았을 때, 정말 날아갈 듯 기뻤습니다. 긴 시간 준비한 만큼 더 완성도 있는 연기로 보답하고 싶었어요.

 이수현 님의 연기를 보셨을 텐데요. 어떤 인상을 받으셨나요?

너무 훌륭하고 좋은 연기를 보여주셨습니다. 전문 성우 연기의 핵심은 목소리만으로 모든 감정을 표현해야 한다는 점인데, 처음 도전하는 분에겐 굉장히 어려운 일이거든요. 그런데 수현 님은 이 부분을 놀라울 정도로 섬세하게 소화해 내셨어요.

해외 팬들이 한국 성우들의 연기에 대해 "마치 노래를 하는 것 같다"라고 표현하신 걸 들은 적이 있어요. 성우 연기는 곧 감정을 노래하는 것과도 같거든요. 수현 님이 음악적인 깊이와 감성을 가진 분이라 그런지, 이 부분을 잘 표현해 주신 것 같습니다.

 〈연의 편지〉를 더 깊이 있게 즐기기 위해 관객들이 주목하면 좋을 관람 포인트는 무엇일까요?

무엇보다 작화를 '0순위'로 말씀드리고 싶습니다. 둥글둥글하면서도 몽글몽글한 따스함이 화면을 가득 채우죠. 가만히 작화만 보고 있어도 지친 마음이 치유받는 듯한 기분이 드실 거라 믿어 의심치 않습니다.

흥미진진한 스토리 전개도 중요한 포인트예요. 소리가 우연히 발견한 편지를 시작으로 점차 편지의 비밀이 밝혀지는 과정이 굉장히 흥미롭거든요. 전개가 빠르면서도 감정선을 놓치지 않아 몰입감이 정말 뛰어나요. 반전과 여운을 동시에 지닌 이야기라서, 시간 가는 줄 모르고 빠져드는 경험을

하게 되실 겁니다.

 마지막으로 〈연의 편지〉를 기다려온 관객들에게 전하고 싶은

말이 있다면요?

애니메이션 영화 〈연의 편지〉를 오랫동안 기다려주신 분들
께 드디어 인사드릴 수 있게 되어 정말 기쁩니다. 감사하게
도 저는 승규라는 소중한 캐릭터로 참여하게 되었는데요,
관객분들께서 이 작품을 즐겁게 봐주셨을지 걱정과 기대가
함께합니다. 저를 비롯한 모든 성우와 제작진이 진심을 담
아 열심히 준비했어요. 부디 여러분의 마음에 한 줄기 위로
와 감동이 되는 작품으로 다가가기를 간절히 바랍니다. 많
은 사랑 부탁드리겠습니다.

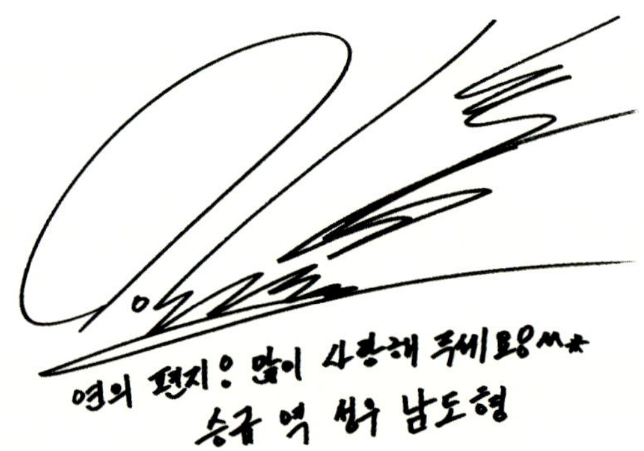

제작진 인터뷰

1. 기획/시나리오/제작에 관해

— 〈연의 편지〉가 감독님의 첫 장편 애니메이션 영화라고 들었습니다. 〈연의 편지〉에 합류하게 되신 계기와 소감을 듣고 싶습니다.

저는 대학 시절 첫 단편 애니메이션 작업을 시작으로 스튜디오리코에서 다양한 작품들을 제작하고 연출해 왔습니다. 오리지널 작품인 〈연애하루전〉부터 웹툰 원작 숏 애니메이션, 또 시리즈 애니메이션까지 폭넓은 작업을 이어왔지요. 그러던 중, 원작 〈연의 편지〉의 애니메이션화에 대한 기대가 높아졌고, 스튜디오리코와 스튜디오N이 장편 애니메이션 제작을 하면서 감사하게도 제가 연출을 맡게 되었습니다. 훌륭하고 아름다운 원작을 극장용 장편으로 옮길 기회를 얻게 되어 큰 영광이었고, 수년간 함께 고생해 준 제작진에게도 깊은 감사의 마음을 전하고 싶습니다.

— 단편 10부작의 원작 웹툰을 90분에 달하는 장편으로 영화화하는 작업이 쉽지만은 않았을 것 같습니다. 작업 과정은 어떠셨나요?

〈연의 편지〉는 기획 개발부터 프로덕션까지 약 5년 반에 걸쳐 완성되었습니다. 원작을 처음 접했을 때 잔잔하고 아름다운 여운이 오래 남았던 만큼, 감독으로서 그 감성을 장편 애니메이션으로 온전히 옮겨낼 수 있을까 하는 부담과 책임이 컸습니다. 성인을 타깃으로 하되 남녀노소 누구나 공감할 수 있는 이야기여야 한다는 점, 애니메이션만의 연출적 재미와 전달력, 관객에게 진심 어린 감동을 전하는 방법까지 세심히 고민해야 했습니다.

무엇보다 저를 포함한 제작진 모두가 원작 〈연의 편지〉의 팬이었기에 진심을 담아 작업에 몰입할 수 있었습니다. 많은 아티스트분들 또한 "〈연의 편지〉라면 꼭 함께하고 싶다"라고 말씀해 주셨고, 그 마음들이 모여 큰 힘이 되었지요. 또한 여러 과정에서 원작자님께서도 따뜻한 조언과 격려, 그리고 아낌없는 신뢰를 보내주셔서 정말 큰 힘이 되었습니다.

— 원작이 있는 장편 애니메이션을 연출하시면서 가장 중점을 둔 부분은 무엇이었나요?

제가 가장 집중한 부분은 원작만의 감성을 어떻게 하면 온전히 살릴 수 있을까 하는 것이었습니다. 그중에서도 핵심은 바로 '편지'였지요. 숨겨진 편지를 하나씩 찾아가는 재미, 그 주인을 추측하며 쌓이는 기대감과 호기심, 마지막 편지를 발견했을 때의 깊은 감동은 이 작품의 가장 중요한 요소라고 생각했습니다.

이를 잘 표현하기 위해 시나리오와 콘티, 설정 단계부터 편지가 숨겨진 열 곳의 장소와 그 순서를 유기적으로 엮어냈습니다. 또 각 장소가 저마다의 매력과 특색을 지니도록 작화, 배경미술, 디자인, 3D 촬영까지 모든 과정에 공을 들였습니다. 제작 기간의 어려움을 고려한다면 편지의 수를 줄일 수도 있었지만, 그것은 곧 작품의 본질을 놓치는 일이라 생각했습니다. 결국 이 모든 과정이 담겨야만 〈연의 편지〉가 가진 감성이 온전히 전달될 수 있다고 믿었기에 끝까지 타협하지 않았습니다.

— 웹툰을 시나리오화 하실 때 스토리를 축약하거나 확대한 부분이 있었나요? 원작을 거의 그대로 지켜주신 것 같지만, 혹시 그 안에서 변주를 주신 부분이 있다면 들려주세요.

장편 애니메이션 영화로 각색하는 과정에서 몇몇 이야기와 설정을 보완하거나 확장했습니다. 대표적인 사례들은 다음과 같습니다.

1 | 원작에서 동순의 과거 중 문제의 발단이 되었던 캠프 화재 사건 이후의 이야기가 없었기 때문에 애니메이션에서는 이 부분을 보완하거나 확장하면 좋겠다고 생각했습니다.

동순의 과거에 등장하는 캠프는 현재 소리의 시점에서도 한 번 더 보여주는 방식으로 구성했습니다. 동순이 캠프에서 같은 조였던 호연을 만나 친구가 되었듯이, 소리 또한 캠프를 통해 친구를 사귀고 학교생활에 조금씩 적응하며 변화하는 모습을 담고자 했습니다.

2 | 승규의 경우, 원작에서는 퇴학에 대한 결말이 내레이션으로 간단하게 마무리되지만 애니메이션 영화에서는 숨겨진 이야기를 확장해서 보여주기로 했습니다. 잘못된 행동에 대해 책임을 지는 과정을 시각적으로 분명하게 보여주면 좋겠다고 생각했습니다.

원작에는 없던 '편지 거래' 장면과 '추격 신'은 승규와의 만남에서 긴장감을 높이고, 추격 신을 통해 애니메이션의 볼거리도 더했습니다. 이 과정에서 반전 요소를 넣어 극적인 긴장감과 재미도 더하고자 했습니다.

3 | 이야기에서 중요한 포인트 중 하나는 '소리의 성장'이었습니다. 이를 강조하기 위해, 애니메이션 영화에는 소리가 지민의 답장을 기다리며 할머니 집 앞 우편함을 자주 확인하는 장면을 추가했습니다.

하지만 시간이 흐르고, 편지를 찾아가는 과정에서 동순과 도시락 친구들(수경, 호란, 송희)과 점점 가까워질수록 소리는 자연스럽게 우편함을 신경 쓰지 않게 됩니다. 이 장면을 통해 소리의 정서적 변화와 성장을 보여주고자 했습니다.

그리고 승규와의 사건 이후 관객과 소리 모두 잊고 있던 지민의 편지가 도착하게 되면서, 그것이 반전이자 감정의 전환점으로 작용할 수 있도록 구성했습니다.

4 | 원작 웹툰에서는 소리가 할머니 집(한옥)에서 아버지 집(아파트)으로 전학을 가는 설정이지만, 애니메이션에서는 서울의 아버지 집(아파트)에서 지방 시골의 할머니 집(한옥)으로 전학 오는 설정으로 변경했습니다. 시각적이면서도 정서적인 대비를 더욱 명확히 전달하기 위해서였습니다.

그 외에도 원작에 있던 '국궁' 설정은 교내 활동에 적합하게 '양궁'으로 바꾸고, 지역 대표 선발전이라는 이벤트를 추가해 승규가 시험지를 훔치는 동기를 강화했습니다. 이를 통해 애니메이션적인 재미도 살리고자 했습니다. 또 동순과 도시락 친구들의 학교생활과 관계가 잘 드러날 수 있도록 이들의 분량을 자연스럽게 늘렸습니다. 반딧불이 설정도 상징적이고 시각적인 장치로써 의미를 확장해 더욱 중요한 요소로 자리잡게 했습니다.

— 시나리오 작업 중 각본가님과 "이 부분만큼은 꼭 지키자" 혹은 "이것이 가장 중요하다"라고 이야기 나눈 부분이 있나요?

원작인 〈연의 편지〉가 가진 이야기의 울림과 감동에는 분명한 힘이 있다고 믿었습니다. 그래서 각색 과정에서 너무 지나치게 변형하면 그 감성과 감동이 훼손될 수 있다고 생각했습니다. 각본가님께는 원작의 감성을 최대한 유지하면서, 그것이 영화적으로 더 잘 전달될 수 있도록 확장해 보자고 말씀드렸던 기억이 납니다.

각색 초기에 첫 번째 미션도 "원작에 숨겨진 이야기를 찾아 넣자"였고, 이후 수많은 논의와 수정을 거치며 〈연의 편지〉의 숨겨진 이야기를 찾고 감성도 지켜낼 수 있었습니다. 어쩌면 당연한 이야기일 수도 있지만, 영화를 만드는 과정에서 지켜야 할 가치를 끝까지 지킨다는 것이 결코 쉽지 않다는 걸 새삼 느꼈던 것 같습니다.

— 〈연의 편지〉는 '편지 찾기'를 축으로 소리 → 동순 → 호연 순으로 중심을 옮겨가며 이야기가 진행됩니다. 이런 구조를 구성하면서 어떻게 균형을 잡으셨는지 궁금합니다.

무엇보다도 이야기의 중심은 소리의 성장에 두었습니다. 전학 전 학교에서의 트라우마로 방황하던 소리가 새 학교에서 호연의 숨겨진 편지를 발견하면서 이야기가 시작되지요. 이후 동순을 만나고, 도시락 친구들과 점차 가까워지며 마음의 문을 열어가지만 승규와의 사건을 겪으며 다시 좌절을 경험합니다. 그러나 지민의 진심 어린 편지를 통해 소리는 용기를 회복하고, 자신이 틀리지 않았음을 확인하며 한 걸음 더 성장하게 됩니다.

사실 이 모든 용기의 시작은 어린 시절 소리가 호연에게 건넸던 작은 호의에서 비롯된 것임을 뒤늦게 알게 되는 반전 구조입니다. 그렇기에 처음부터 끝까지 소리의 성장을 중심축으로 두되, 동순의 이야기와 호연의 편지에 담긴 비밀이 자연스럽게 맞물려 흘러가도록 구성하는 데 신경을 썼습니다.

— 작화와 영상화 과정에서 특히 중요하게 생각하신 부분은 무엇인가요?

〈연의 편지〉는 기본적으로 드라마 장르이기에, 이야기의 흐름과 캐릭터들의 감정이 자연스럽고 설득력 있게 다가오도록 하는 연출이 가장 중요했습니다. 이를 위해 프로덕션 전 단계에서 콘티와 애니메틱스를 만들 때, 저와 제작진이 직접 더빙 연기를 하며 감정선을 점검했습니다. 이후 성우분들과 가이드 더빙을 진행하며 연기와 연출을 더욱 발전시켰고, 각 장면의 분위기에 맞는 가이드 BGM을 선곡하거나 제작해 감정의 결을 다시 확인했습니다. 이런 과정을 수차례 반복하면서 콘티와 애니메틱스의 완성도를 높일 수 있었고, 결과적으로 자연스럽고 설득력 있는 이야기와 감정 연출이 가능해졌다고 생각합니다.

또한 연출, 레이아웃, 원화, 작감, 동화, 컬러, 배경, 3D, 촬영 등 모든 제작 과정에서 각 파트의 감독님들을 비롯한 아티스트들이 한 컷 한 컷 정성을 다해 캐릭터와 장면에 생명을 불어넣어 주셨습니다. 이들의 노력이야말로 〈연의 편지〉만의 감성과 완성도를 높인 큰 힘이 되었다고 생각합니다.

미술적으로는 청량한 여름의 정서를 바탕으로, 편지가 숨겨진 장소마다 고유한 분위기와 매력이 드러나도록 비주얼과 콘셉트를 설계했습니다. 동시에 한국적인 아날로그 감성과 정서를 화면에 자연스럽게 녹여내는 데에도 많은 공을 들였습니다. 총 열 곳의 장소를 개별적으로 완성도 있게 구성하면서도 전체적으로 조화를 이루는 것이 가장 중요한 과제였고, 그 점에 특히 신경을 썼습니다.

— 메시지에서 중요하게 생각하셨던 부분은 무엇인가요?

작품에서 '편지 찾기'는 곧 '주인공 소리의 잃어버렸던 용기 찾기'입니다. 나를 위로한 편지가 사실은 나의 용기에서 시작된 것을 알게 됩니다. 편지를 통해 용기를 내고 성장하는 주인공의 이야기는 특히 학생들에게는 공감을, 어른들에게는 학창 시절에 대한 향수를 느끼게 할 거예요. 상황은 다르지만 누구나 한 번쯤 고민해봤을 이 아름다운 이야기가 관객분들에게 용기와 위로가 되었으면 합니다.

— 애니메이션 속 캐릭터와 작화 디자인은 어떤 콘셉트로 진행했는지, 참고했던 작품이 있는지 궁금합니다.

캐릭터 디자인에서는 각 캐릭터의 인상이 깊게 기억될 수 있도록 특징적인 요소를 주기 위해 캐릭터 디자이너분들과 많은 논의를 거쳤습니다. 소리의 앞머리, 동순의 뿔 모양 머리, 승규의 한국식 스포츠 컷 같은 요소를 예로 들 수 있겠네요. 순이 기사님의 경우 더욱 마녀 같은 인상을 주기 위해 인디언 스타일의 솔 등 소품을 활용해 디자인했습니다.

또한 저희 작품이 감성적이고 따뜻한 이야기인만큼, 작화 디자인에서도 전체적으로 각진 선보다는 부드러운 곡선을 활용해 포근한 인상을 주고자 했습니다. 물론 부드러운 곡선을 중심으로 한 작화 디자인은 여러 아티스트와 함께하는 제작 공정에서 난이도가 높은 편이지만, 총작화감독님과 작화감독님들께서 이를 완벽하게 소화해 주셨습니다.

아울러 원작에 없는 새로운 캐릭터 디자인도 있었습니다. 원작보다 젊은 소리 할머니 디자인을 예로 들 수 있는데요. 원작자님께서 직접 참여해 주신 만큼, 애니메이션에 정말 잘 어울리고 완벽한 디자인이 완성되었습니다.

의상과 소품에서도 한국적인 정서를 자연스럽게 녹여내기 위해 많은 고민을 했습니다. 전체적인 작화 분위기는 역시 원작의 감성을 해치지 않는 선에서 애니메이션 영화만의 스타일로 재해석하는 데 중점을 뒀습니다. 특정한 작품을 참고 모델로 삼기보다는 〈연의 편지〉만의 색감과 정서를 살리는 데 집중하며 방향을 잡아갔습니다.

— 애니메이션은 굉장히 다양한 분야의 전문가들이 모여 협업하는 작업인데요. 분야를 막론하고 전체 제작진들이 가장 중요한 원칙으로 삼았던 것이 있나요?

어떤 하나의 원칙을 정해두고 그것을 강조하진 않았지만, 개인적으로 가장 중요하다고 생각하는 것은 '약속'이라고 생각합니다. 애니메이션은 결코 혼자서 만들 수 없는 작업입니다. 수많은 전문가들과 아티스트들이 함께하는 협업의 예술이기 때문에, 각자의 역할을 수행하는 과정에서 서로를 신뢰하고, 함께 정한 약속을 지킬 수 있도록 노력하는 것이 가장 기본이자 애니메이션 협업의 시작이 아닌가 생각합니다.

— 편지를 찾아가는 과정이 영화에서 굉장히 흥

미롭게 표현됩니다. 각 편지가 숨겨져 있는 공간이나 발견되는 방식 모두 제각기 다르고, 계속해서 궁금증을 유발하는 방식으로 짜여 있는데요. '편지 찾기'를 구성하실 때 어떤 부분을 중요하게 생각하셨고, 어떤 점을 고려하여 작업하셨는지 들려주세요.

첫 번째는 '편지 찾기' 미션을 부여한 점입니다. 호연은 편지를 남길 때 단순히 학교 소개만 한 게 아니라, 소리가 동순과 친구가 되는 것을 포함해서 반 친구들, 학교 선생님들과도 친해질 수 있도록 편지 찾기 미션을 주었습니다. 이러한 미션은 편지를 하나하나 찾아가는 과정에서 재미와 궁금증을 더했다고 생각합니다.

두 번째는 편지의 비밀이 밝혀지기 전까지의 '빌드 업'을 만든 점을 들 수 있겠네요. 어린 시절 소리가 호연에게 베푼 작은 호의와 따뜻한 행동이 현재의 동순과 소리에게 전해지는 게 중요했습니다. 예를 들어, 동순이 아홉 번째 편지를 찾는 장면에서 "반딧불이는 만나고 싶은 사람을 찾게 해준대"라는 대사는 처음엔 호연이 동순에게 한 말처럼 들리지만, 사실은 어린 시절 소리가 호연에게 했던 말이었다는 사실이 나중에 밝혀집니다. 이러한 복선과 반전이 이야기 전반에 걸쳐 서서히 쌓이면서, 마지막에 모든 퍼즐이 맞춰지는 감동을 전달할 수 있도록 노력했습니다.

— 2D였던 웹툰을 살아 움직이는 캐릭터로 표현할 때 가장 중요한 지점이 무엇이었나요?

가장 중요한 건 애니메이터의 열정이 아닐까

요? 2D 애니메이션에서 애니메이터 한 분 한 분이 실사 영화로 따지면 배우와도 같기 때문에, 사소한 손짓부터 머리카락이 흩날리는 움직임까지 모든 표현을 직접 그려내며 캐릭터에 생명력을 불어넣습니다. 저희 작품에 참여해 주신 모든 애니메이터 분들께 진심으로 감사드리며, 깊은 존경의 마음을 전하고 싶습니다.

— 애니메이션 영화에 등장하는 공간들이 모두 흥미롭습니다. 특히 가장 주요한 배경이 되는 학교는 한국적이면서도 신비로운 공간이 혼재하는데요. 이렇게 일상적이면서도 판타지적 요소를 부여하기 위해 신경 쓰신 부분이 있다면 들려주세요.

〈연의 편지〉는 "마법이었을까, 아니었을까?"라는 여운을 남기는 판타지 톤을 지향하며, 현실과 비현실의 경계에서 감정을 구축하고자 했습니다. 이에 따라 아지트를 찾는 장면처럼 일부 장면에만 판타지적 연출을 더하고, 전체적인 공간은 현실 기반의 설정으로 구성했습니다.

청량중은 화원, 연못, 숲속 아지트, 캠핑장 등 일반적인 학교에서는 보기 어려운 요소들을 지니고 있어 이를 시각적으로 아름답게 구현하는 것만으로도 판타지처럼 보이는 효과가 있었습니다.

시대적 배경은 의도적으로 모호하게 설정해 '편지'라는 감성에 집중할 수 있도록 구성했습니다. 집 전화기, 도서 카드, 카세트테이프, 약밥 등 아날로그 소품은 향수를 자극하는 장치로 활용했습니다. 또한 한국적인 이야기를 한국의 공간에서, 한국의 인물들이 연기하는 만큼 '한국다움'을 극대화하는 데 주력했습니다.

— 아지트 공간 역시 굉장히 아름답습니다. 아지트 공간을 꾸미고 작업하실 때 어떤 점을 특히 고려하셨는지요?

아지트는 저희 작품에서 가장 판타지적인 공간으로, 소리와 호연이 처음 만나 함께 시간을 보냈던 병원 옥상의 확장된 형태이자, 서사적으로도 상징성이 큰 장소입니다.

호연과 동순이 함께한 공간이라는 점에서, 이들의 섬세한 감성을 반영한 다양한 활동(과제, 체스, 캐치볼, 그림 그리기, 만화책 보기, 보드게임 등)을 연상하게 만드는 소품들로 공간을 구성했습니다.

원작에서도 핵심적인 장소로 표현된 만큼, 디자인적으로도 원작의 분위기를 최대한 반영하고자 했습니다. 설정화를 기반으로 3D 레이아웃을 구성해 컬러와 디자인 요소를 세밀하게 조율했고, 이후 배경 작업에서 한 컷 한 컷 정성을 들여 높은 완성도로 그려나갔습니다.

특히 미술감독님과 배경감독님께서 많은 정성을 기울인 공간으로, 수차례 기획하고 다시 그리는 과정 끝에 아름다운 아지트 공간이 완성되었다고 생각합니다.

— 배경 작화가 상당히 사실적이고 정교해서 깜짝 놀랐습니다.

학교와 편지가 숨겨진 장소를 제외한 많은 배경들은 전국 각지를 직접 촬영하며 수집한 실제 장소의 정보를 바탕으로 제작했습니다. 서울 도심, 터미널, 동호대교, 하동의 시골 마을, 원주의 기차 건널목, 경북 낙동강 철교, 지방에 있는 기차역 등에서 촬영한 자료를 활용해 장면을 구성했죠.

특히 오프닝 장면에는 많은 공을 들였습니다. 청산으로 향하는 여정을 사실적이면서도 아름답게 표현하기 위해 뮤직비디오 감독과 협업했으며, 계절감 역시 중요한 요소로 고려했습니다. 당초 2020년 촬영을 계획했으나 장마로 인해 일정이 연기되었고, 2021년 여름에 촬영을 완료했습니다. 실사 촬영본은 3D 프로젝션 맵핑을 거쳐 레이아웃으로 제작되었으며, 이를 바탕으로 배경 작화가 정성스럽게 완성되었습니다.

— 원작의 배경 작화와 사뭇 다르게 그려진 장소도 있는 것 같은데, 애니메이션에서 다르게 표현된 것은 어떤 이유에서인가요?

웹툰에서는 인물 동선이나 공간 간의 위치 관계가 비교적 유연하게 설정되어도 무리가 없지만, 애니메이션에서는 캐릭터의 움직임, 공간 사이의 거리감, 편지의 순차적 발견에 맞게 장소의 자연스러운 연계가 중요했기 때문입니다. 이에 따라 일부 장소는 이야기 흐름에 맞게 재구성했습니다.

예를 들어, 원작 속 할머니 집은 짧게 등장하며 쓸쓸하고 서늘한 분위기를 강조하는 공간이었지만 애니메이션에서는 소리가 전학한 후 머무는 따뜻한 기억의 장소이자 성장의 출발점으로 재해석했습니다. 시골 한옥 특유의 따스한 정취와 레트로한 감성을 더해, 소리가 심리적으로 안정을 느낄 수 있는 공간으로 연출했습니다.

— 애니메이션 영화에서 배경으로 나온 곳 중에 실제 모티브가 된 장소가 있다면 소개해 주세요

대표적인 장소로 '기차 건널목'을 들 수 있습니다. 한국만의 아름다운 풍경과 감성이 담긴 기찻길을 표현하고자 미술감독님과 전국의 기차 건널목을 조사했습니다. 그 과정에서 원주에 있는 '계단이 있는 기차 건널목'을 발견했고, 무대 위에 선 듯한 상징성이 마음에 들어 최종적으로 채택했습니다. 현재는 해당 장소가 사라졌다고 들었는데 작품을 통해 풍경의 일부라도 남길 수 있어 다행이라 생각합니다.

청량중의 모델은 광주광역시의 한 여자중학교로, 붉은 벽돌과 낮은 층고, 옛 창 구조 등에서 모티브를 얻었습니다. 이후 다양한 학교의 레퍼런스를 반영하며 〈연의 편지〉만의 독창적인 공간으로 완성해 나갔습니다.

놀이터의 경우 마을이 내려다보이는 구조를 구현하기 위해 약 서른 곳에서 마흔 곳 정도를 답사한 끝에 적합한 장소를 선정했습니다. 1차로 미술감독이 로케이션을 진행해 장소를 확정했고, 2차로 벚꽃이 피는 계절에 촬영을 진행했습니다. 촬영 당시 모두가 만족했던, 인상 깊은 공간이었습니다.

— 한국적인 정서가 담긴 소품들이 눈에 띄는데요. 어떤 이유로 그런 소품들을 배치하게 되었는지 궁금합니다.

〈연의 편지〉는 한국의 이야기, 한국의 공간, 그리고 한국 배우들이 자연스럽게 연기하는 작품입니다. 따라서 소품 역시 특별한 의도를 부여하기

보다는, 캐릭터와 배경에 자연스럽게 녹아드는 한국의 생활 요소들을 중심으로 구성했습니다. 일본 애니메이션과 비교하면서 〈연의 편지〉만의 한국적인 디테일이 신선하게 느껴진다는 피드백을 종종 받습니다. 이 작품이 자연스럽고 사실적인 '우리나라 애니메이션'으로 받아들여졌으면 하는 바람이 컸습니다.

— 애니메이션 음악도 크게 화제가 된 만큼, 상당히 인상적입니다. 음악감독님과 어떤 이야기를 나누며 작업을 진행하셨나요?

음악감독님과 처음 만났을 때의 대화가 기억에 남습니다. 감독님께서 〈연의 편지〉의 음악은 우리가 익숙하게 알고 있는 일본 애니메이션 스타일 음악이 아니라, 새로운 무엇인가 있어야 한다고 말씀해 주셨습니다. 이야기가 따뜻하고 정석적인 흐름을 가지고 있어서, 음악만큼은 중간중간 예상을 벗어나는 변칙성이 있다면 오히려 작품이 더 풍성하고 재밌어질 거라고 제안을 주셨고, 그 말씀이 굉장히 인상 깊었습니다.
음악을 통해 캐릭터들의 감정이 관객에게 잘 전달되기를 바랐고, 특히 편지를 찾아가는 여정에서 새로운 장소가 등장할 때마다 호기심을 자극하는 미스터리한 분위기가 잘 살아나길 희망했습니다. 그래서 편지가 발견되는 열 곳의 장소에 각각의 특징이 있어도 좋을 것 같다고 의견을 드리기도 했습니다.
이러한 방향성을 바탕으로 음악감독님과 많은 대화를 나누며 작업을 진행했습니다. 결과적으로 음악이 작품의 울림을 더욱 깊이 있게 만들어주는 중요한 요소가 되었기에, 음악적인 재미

와 작품의 감성이 잘 어우러진다고 생각합니다.

2. 캐릭터와 배역에 관해

— 소리 역으로 수현 님을 캐스팅한 이유는 무엇인가요?

수현 님의 맑고 청아한 목소리가 소리의 캐릭터와 잘 어우러진다고 판단했습니다. 또한 수현 님이 애니메이션을 너무 사랑하는 팬이고 장르에 대한 이해도 높을뿐더러 목소리를 자유자재로 잘 사용하는 분이었기 때문에 소리 역을 잘 소화할 수 있을 거라는 굳은 믿음이 있었습니다.

— 소리 역을 맡은 수현 님이 〈연의 편지〉 OST에도 참여를 하게 되었는데요.

기획 초기, 시나리오 단계에서부터 OST는 악뮤 수현 님이 불러주신다면 정말 잘 어울리겠다는 상상을 자주 하곤 했습니다. 그래서 실제로 수현 님이 〈연의 편지〉의 메인 OST에 참여하게 되었을 때는 마치 오래 바라왔던 상상이 현실이 된 듯한 기분이었습니다.
저뿐만 아니라 제작진 모두가 간절히 바랐던 부분이었고, 아마 원작 팬분들 역시 〈연의 편지〉의 그림과 감성을 떠올린다면 자연스럽게 악뮤 수현 님을 떠올리지 않을까 생각합니다.

— 연기 지도 과정에서 수현 님께 특별히 요청하신 점이 있나요?

수현 님은 애니메이션에 관심이 많아 평소에도 즐겨 보신다고 합니다. 덕분에 소위 '애니스러운 감'과 캐릭터의 감정에 맞는 호흡 연기를 누구보다도 잘 이해하고 계셨습니다. 처음 연습실에서 만나 더빙 감독님과 지켜보던 순간, 처음부터 뛰어난 발성과 함께 프로 수준의 연기를 보여주셔서 놀랐던 기억이 있습니다.

사실 처음 더빙하는 분께는 애니메이션 특유의 호흡 연기가 가장 어려운 부분이기도 한데, 수현 님은 오히려 그 부분을 능숙하게 소화해 냈기 때문에 이후에는 극적인 미묘한 감정선과 내레이션 톤에 좀 더 중점을 두어 의견을 드렸습니다.

— 수현 님과 작업하면서 가장 인상적이었던 점은 무엇이었나요?

수현 님의 청아한 목소리와 완벽한 애니메이션 호흡 연기도 인상 깊었지만, 무엇보다 가장 기억에 남는 점은 정말 많은 준비와 노력을 해주셨다는 것입니다. 본 녹음에 들어가기 전까지 오랜 시간을 들여 더빙 연기 수업을 받으셨고, 모든 장면의 연기를 사전에 연습하여 준비해 오셨습니다. 녹음 당일 아쉬웠던 부분은 다음 회차 녹음 전까지 따로 연습해 오시기도 했습니다.

실제로 연기력이 회차를 거듭할수록 더 깊어졌고, 수현 님 본인의 요청으로 초반에 녹음했던 장면을 다시 녹음하기도 했습니다. 그만큼 저희 작품에 진심을 다해 참여해 주셨고, 덕분에 저희 제작진도 끝까지 타협하지 않고 완성도 높은 결과물을 만들어낼 수 있었다고 생각합니다.

— 수현 님의 목소리가 소리의 캐릭터성을 구체화하는 데 어떤 이바지를 했다고 생각하시는지 듣고 싶습니다.

수현 님의 목소리는 청아하면서도 현실적인 인상을 줍니다. 교실 속에 한 명쯤은 있을 것 같은 자연스러운 톤 덕분에 관객이 중학생 소리의 감정에 더욱 몰입할 수 있었습니다.

소리는 친구를 위해 용기를 냈지만, 그 선택이 옳았는지를 두고 스스로 갈등하고 후회도 하는 입체적인 인물입니다. 또한 잘못된 일에 맞서 목소리를 낼 수 있는 정의로운 면모도 지니고 있습니다. 이런 감정선을 표현하는 데 수현 님의 현실적인 목소리가 진정성을 더해주어, 관객에게 울림을 전할 수 있었다고 생각합니다.

— 수현 님 외에도 쟁쟁한 성우 라인업이 있습니다. '동순' 역의 김민주 성우님은 성우계의 라이징 스타라고 들었는데요, 어떤 이유로 캐스팅하게 되셨는지 궁금합니다.

동순은 해맑게 웃고, 부끄러워하고, 놀라는 등 감정을 솔직하게 표현하는 소년 캐릭터입니다. 동시에 소리처럼 잘못된 것은 잘못됐다고 말할 수 있는 바른 품성과 용기도 가지고 있습니다. 또한 소리와의 티키타카가 중요하기 때문에, '소녀인 소리'처럼 동순 역시 '소년인 동순'이어야 한다고 생각했습니다. 그런 점에서 김민주 성우님의 소년 같은 목소리 톤과 연기는 저와 제작진이 상상하던 바로 그 '박동순'이었기에 망설임 없이 캐스팅할 수 있었습니다.

— 김민주 성우님과 어떤 부분을 중점적으로 함께 작업하셨는지, 작업 중 인상적이었던 부분이 있으시다면 들려주세요.

김민주 성우님과 가장 많은 대화를 나눴던 장면은 호연이 떠난 뒤, 동순이 자신에겐 아무 말 없이 전학해 온 소리에게만 편지를 남겼다는 사실을 알게 된 순간인데요. 감정적으로 격해지는 동순 특유의 '츤데레' 같은 뉘앙스를 어떤 톤으로 표현할지가 중요했습니다. 겉으로 감정은 드러내지 않으면서 내면은 크게 동요하고 있는 모습을 표현하기 위해 함께 고민하고 조율해 나갔습니다. 동순은 초반에는 감정을 겉으로 드러내지 않기 때문에 내면의 정서를 해석하고 연기하는 것이 쉽지 않은 캐릭터라고 생각했습니다. 하지만 김민주 성우님은 동순의 감정을 정확하게 이해하셨고, 본인 특유의 소년다운 톤과 연기로 완벽하게 역할을 소화해 주셨습니다.

— 민승우 성우님의 부드러운 목소리가 호연과 무척 잘 어울린다는 생각이 들었는데요. 민승우 성우님께 호연의 어떤 캐릭터성을 기대하고 캐스팅하셨는지 궁금합니다.

민승우 성우님은 〈연의 편지〉 웹툰 홍보 영상에서 성우 캐스팅을 진행할 때부터 지금까지 변함없이 '정호연' 그 자체라고 생각했습니다. 호연은 마치 다른 세계에 존재할 것 같은 느낌이 있는데요. 민승우 성우님의 목소리는 그런 호연의 신비스러운 분위기와 매우 잘 어울렸습니다. 민승우 성우님만의 연기와 목소리 톤은 소리가 학교생활을 잘 해낼 수 있도록 정성스럽게 편지

를 남긴 호연의 따뜻함, 깊이 있는 진솔한 고백을 관객에게 전달하는 데 완벽하게 적합하다고 생각하여 캐스팅하게 되었습니다.

— 민승우 성우님과의 작업 소감도 궁금합니다. 어떤 부분을 중점적으로 함께 작업하셨는지, 함께 작업하면서 인상적이었던 부분이 있었다면 들려주세요.

호연이 남긴 편지를 통해 이야기가 시작되고, 그 편지의 내레이션이 작품 전체를 이끌어가는 구조이기 때문에 '호연이 어떤 마음으로 편지를 남겼을까' 하고 관객의 호기심을 자극할 수 있는 신비로운 분위기와 마지막에 나오는 진심 어린 고백이 관객에게 잘 전달되었으면 좋겠다고 생각했습니다. 이 부분에 대해 민승우 성우님과 많은 대화를 나눴고, 특히 마지막 열 번째 편지에서 호연의 내레이션 연기는 정말 인상 깊었습니다. 민승우 성우님만 표현할 수 있는 감성과 연기로 감정의 여운이 깊게 남는 장면이 나올 수 있었다고 생각합니다.

— 또한 '우리나라 대표 성우' 하면 떠오르는 남도형 성우님이 승규 역으로 함께 해주셨는데요. 상대적으로 분량이 적은데도 불구하고 인상적인 열연을 펼쳐주신 것 같습니다. 남도형 성우님께 승규의 어떤 캐릭터성을 기대하고 캐스팅하셨는지 궁금합니다.

안승규는 〈연의 편지〉에서 유일하게 극에 긴장감을 불어 넣어주는 캐릭터입니다. 학교에서는

자기 성적을 위해 시험지를 훔치고 심지어 방화까지 저지르지만, 선생님들 앞에서는 모범생인 척하는 이중적인 모습을 보입니다. 동순에게는 친구인 척 다정하게 말하다가도, 자신의 요구를 거부하거나 수틀리면 순식간에 분위기를 바꾸며 위협적인 모습을 드러내는 캐릭터이기도 합니다.

이처럼 이중적인 감정을 잘 표현하고 순간적으로 분위기를 바꿀 수 있는 분은 남도형 성우님뿐이라고 생각했습니다. 또한 그런 인물임에도 잘생긴 안승규의 캐릭터 디자인과도 목소리 톤이 잘 어울렸기 때문에, 기대감을 가지고 캐스팅하게 되었습니다.

— 남도형 성우님과의 작업 소감이 궁금합니다. 어떤 부분을 중점적으로 함께 작업하셨는지, 작업 중 인상적이었던 부분이 있었다면 들려주세요.

첫 대본 리딩은 온라인 화상 미팅으로 진행됐는데요. 그 자리에서 몇몇 대사를 연기해 주셨을 때, 화면 너머로도 느껴질 만큼 긴장감과 몰입감이 전해졌던 기억이 있습니다.

승규는 잘생긴 외모와 지능적인 면모를 가진 캐릭터로, 악행을 저지르는 부분이 있지만 전형적인 불량 청소년처럼 보이지 않는 것이 중요했습니다. 그래서 연기 방향을 설정할 때 '잘생긴 캐릭터'라는 특징을 염두에 두고 연기해 주셨으면 좋겠다고 말씀드렸던 기억이 있습니다.

남도형 성우님이기에, 안승규라는 인물을 더 매력적이고 입체적인 캐릭터로 만들어주셨다고 생각합니다.

— 소리, 동순, 호연 세 인물의 관계성을 표현할 때 중점을 두신 점이 있을까요?

동순은 말도 없이 전학을 가버린 친구 호연에게 서운함을 느끼며, 다소 집착에 가까운 느낌으로 표현하고자 했습니다. 친구인 호연이 자신에게는 아무 말도 남기지 않고 새로 전학해 온 소리에게만 편지를 남겼다는 사실에 상처받아 소리를 퉁명스럽게 대하게 됩니다.

하지만 동순과 호연이 친한 친구였다는 걸 알게 된 소리가 동순에게 진심으로 위로를 건네고, 두 사람이 함께 호연의 편지를 찾아가는 과정을 통해 친구가 되어가는 흐름이 중요하다고 생각했습니다. 이러한 감정 변화로 인해 소리, 호연, 동순의 관계성이 더욱 입체적으로 잘 보일 수 있었습니다.

3. 남은 이야기

— 〈연의 편지〉를 작업하시면서 가장 큰 원동력이 되어준 것은 무엇이었을까요?

"기적을 만들려면 생각보다 오랜 시간과 정성이 들어가."
〈연의 편지〉에서 제가 가장 좋아하는 대사입니다. 기적은 우연히 일어나는 것이 아니라, 오랜 시간 쌓인 노력과 정성이 모여서야 비로소 기적 혹은 마법이 된다는 의미지요. 이 말은 제가 동료들과 함께 작업하면서 느낀 감정과도 맞닿아 있습니다.

수년 동안 훌륭한 아티스트들과 함께 치열하게 고민하고, 때로는 밤을 새우며 즐겁게 작업했던

순간들이 저에게 가장 큰 힘이자 원동력이었습
니다.

**― 다른 애니메이션과 비교했을 때 〈연의 편지〉
만이 가진 강점은 무엇이라고 생각하시나요?**

첫째는 주인공 소리가 편지의 주인을 찾아가며
경험하는 서사의 재미와 감동, 둘째는 한국적인
정서를 깊게 담아낸 배경과 소품, 셋째는 편지
가 숨겨진 공간들이 만들어내는 판타지적 미장
센이라고 생각합니다.
무엇보다 이 작품에는 인물들의 선한 행동에서
비롯되는 울림이 있고, 진심 어린 대사들이 힘
을 지니고 있습니다. 여기에 시적인 문어체 표
현이 어우러져 마치 문학 작품을 감상하는 듯한
감성을 전해줍니다. 저는 바로 그 따뜻한 이야
기와 감성의 결이 〈연의 편지〉가 가진 가장 큰
강점이라고 생각합니다.

**― 끝으로, 〈연의 편지〉가 국제 영화제에서 꾸
준히 초청받고 있습니다. 감독님께서는 이 여
정을 어떻게 느끼시나요? 또 해외 관객의 반응
은 어떠했는지 궁금합니다.**

국제 영화제에서 〈연의 편지〉의 독특한 서사가
인정받는다는 사실이 저에게도 큰 의미로 다가
왔습니다. 작년에는 캐나다 오타와국제애니메
이션 페스티벌에 참석했는데, 1947년에 개관
한 유서 깊은 극장에서 상영이 이루어졌습니다.
상영이 끝난 뒤 이어진 기립박수는 아직도 잊을
수 없습니다. 어떤 분은 자리에서 일어나 손뼉
을 치셨고, 제 옆자리에서 눈물을 훔치던 외국
인 관객도 계셨습니다.
특히 기억에 남는 순간은 한 외국인 관객분이
직접 다가와 말씀해 주신 일이었습니다. 웹툰
원작의 팬인데, 원작의 감성을 정말 잘 살려줘
서 고맙다는 한마디가 큰 위로이자 보람이 되었
습니다.

— 〈연의 편지〉가 영상화된다는 소식을 들었을 때 가장 기대했던 점은 무엇인가요?

〈연의 편지〉는 처음부터 애니메이션을 본 것 같은 웹툰을 만들고 싶다는 마음으로 시작했습니다. 실제로 애니메이션 영화로 만들어질 거라고는 상상조차 못 했기에 정말 기뻤습니다. 심지어 이런 높은 완성도로요. 가장 기대한 건 역시 스크린에서 살아 움직이는 캐릭터들이었습니다. 제 상상을 가장 멋진 형태로 실현해 주신 모든 분들께 감사드립니다.

— 애니메이션 〈연의 편지〉를 본 후의 감상을 들려주세요.

임시 녹음한 애니메이션을 처음 관람했을 때부터 부천국제애니메이션 페스티벌 상영까지 내내 눈물이 났습니다. 연출, 연기, 작화, 배경, 음악까지 감독님과 스태프분들이 얼마나 열정적으로 작품을 만들어주셨는지 느낄 수 있었거든요. 만화가 애니메이션이 되는 상상을 자주 했지만 이렇게 멋질 줄은 꿈에도 몰랐습니다.

특히 부천국제애니메이션 페스티벌에서는 '순이 기사님'의 모델이신 저희 할머니를 모시고 관람할 수 있었습니다. 이전까지는 할머니께서 원작을 다 이해하지 못하신 줄 몰랐어요. 웹툰이나 만화책이라는 매체에 익숙하지 않으셨던 거죠. 영화를 보고 나서 "만화는 어떻게 보는 건지 잘 몰랐는데, 이렇게 애니메이션으로 보니 네가 무엇을 만들고 싶었는지 알겠다. 참 잘 만들었다"라고 말씀하셔서 놀라웠고, 가슴 깊이 감동을 받았습니다. 모든 연령층을 포용하는 애니메이션의 힘과 작품을 깊이 있게 구현해 주신 제작진분들께 감사한 순간이었습니다.

— 〈연의 편지〉에서 원작을 잘 녹였다고 생각했던 포인트가 있다면?

모든 장면이 좋았지만, 특히 소리가 처음 편지를 받고 읽는 장면의 연출이 만화에서 표현하고자 했던 부분을 그대로 녹였다고 생각합니다. 지민이의 편지 장면도 정말 감동적이었어요.

— 애니메이션으로 재구성하는 과정에서 사전에 작가님께 공유된 부분이 있었는지, 구현된 결과에 만족하셨는지요?

애니메이션 〈연의 편지〉는 원작과 다른 작품이기에 모두 감독님과 스태프분들께 맡기고, 과정만 공유받았습니다. 스토리 각색 역시 여러 차례 수정을 거쳐온 것으로 알고 있는데, 최종적으로 지금의 〈연의 편지〉가 된 정은경 작가님의 각색은 원작을 충실히 구현하면서도 보완된 부분이 많다고 느꼈습니다. 작화와 배경도 마찬가지고요. 저는 이보다 잘 나올 수 없다고 생각합니다.

— 원작에서 더욱 구체화된 공간이나 인물이 있다면 무엇일까요? 원작자로서 제작진분들께 해주고 싶은 말이 있다면?

소리가 눈을 감고 아지트로 가는 장면을 정말 좋아합니다. 이 장면은 애니메이션만의 요소가 더해져서 훨씬 더 몰입되고 표현이 풍부해졌다고 생각해요. 또한 단편인 원작에서 수경, 호란, 송희 세 친구의 비중과 승규의 퇴장이 아쉬웠는데, 애니메이션에서 좋은 방향으로 적절히 구현되어 정말 감사할 따름입니다.

— 주인공 캐릭터를 맡은 성우분들에 대해 한 마디씩 소감을 들려주실 수 있을까요?

소리/이수현 님

소리를 그리면서 맑은 목소리를 상상했는데, 수현 님이 캐스팅되어 정말 기뻤습니다. 연기를 볼 때는 제가 팬임에도 수현 님이 떠오르지 않을 만큼 자연스럽게 소리를 표현해 주셔서 놀라웠습니다. 수현 님의 목소리는, 상처받았지만 강하고 용감한 소리 그 자체였습니다!

동순/김민주 님

동순의 혼란스러운 감정을 생생하게 표현해 주셔서 좋았습니다. 세 주인공 중에 가장 다채로운 감정을 가진 캐릭터라, 민주 님의 변화하는 감정 연기를 들을 수 있어 너무 즐거웠습니다!

호연/민승우 님

호연이를 녹음해 주신 승우 님의 녹음 현장에 참관할 기회가 있었는데요, 감독님의 디테일한 디렉팅을 즉각 소화하며 연기하시는 모습이 감명 깊었습니다. 호연이가 비일상적인 캐릭터라 어떻게 연기하실지 궁금했는데, 승우 님의 연기와 목소리 덕분에 더욱 판타지처럼 느껴졌습니다.

— 〈연의 편지〉의 음악과 OST에 대한 소감이 궁금합니다.

극 중 소리가 눈을 감고 아지트로 걸어가는 장
면에서 흐른 신비로운 음악이 기억에 남습니다.
만화에서는 표현할 수 없는 요소이기에 영화에
서 더욱 매력적으로 다가왔습니다.
엔딩곡은 소리를 연기한 수현 님이 불러주셔서
훨씬 더 커다란 감동으로 다가왔습니다. 내용과
어울리는 가사와 소리에게 생명력을 준 수현 님
의 노래가 영화의 대미를 장식해 무척 아름답게
느껴졌습니다.

**— 원작 팬과 예비 관객분들께, 원작 작가로서
추천하고 싶은 부분은?**

애니메이션 영화 〈연의 편지〉의 모든 것을 기
대해 주셔도 좋습니다. 특히 완성도와 몰입감은
꼭 경험해 보시길 바랍니다! 원작을 좋아하시는
분이라면 분명 만족하실 것 같고요, 처음 접하
시는 분들도 애니메이션만이 줄 수 있는 즐거움
과 감동을 느끼실 겁니다.

— 〈연의 편지〉에 응원의 한마디 부탁드립니다.

원작자가 아니라 애니메이션 영화 〈연의 편지〉
의 팬으로서, 관객분들이 이 애니메이션의 진가
를 알아봐 주시기를 바랍니다. 즐거우셨다면 오
직 애니메이션의 힘입니다! 진심으로 잘 만든
작품이니, 꼭 극장에서 확인해 주시길 부탁드립
니다~.

― 원작을 시나리오로 작업하면서 가장 중요하게 생각하셨던 부분은 무엇일까요?

무엇보다 원작이 가진 정서와 아름다움을 유지하려고 애썼습니다. 이 시나리오의 가치는 '원작 웹툰을 움직이는 그림으로 한 번 더 보는 것'이라고 생각했습니다. '원작 그대로'라는 평이 최고의 찬사일 거라 생각하며 작업했습니다. 원작에 대한 팬심으로 작업했다고 볼 수 있겠습니다.

시나리오화하면서 가장 집중했던 부분은 원작 속에 숨어 있는 이야기를 찾아내는 것이었습니다. 소리가 호연이의 편지를 찾아다니는 것처럼 저도 원작에서 한 화와 다음 화 사이, 컷과 컷 사이에 숨겨진 이야기를 찾아내 보강하려고 했습니다.

예를 들어 청산 병원에서 어린 시절의 호연이 밥을 먹고 식탁을 들어 올리다가 식탁 밑에 소리의 편지를 발견하는 장면이 있는데, '아, 이래서 호연이가 소리의 책상 서랍 밑에 첫 번째 편지를 숨겼겠구나…' 하는 식으로 더듬어 갔습니다.

― 원작이 단편 10부작으로, 다른 영화화 된 웹툰들에 비해 적은 분량이었는데 이 점이 시나리오화할 때 영향이 있었나요?

분량은 적었으나 이야기는 충분했습니다. 원작 웹툰의 대사 한 줄에 많은 과거와 깊은 감정이 담겨 있었습니다. 원작에 압축된 감정과 사건을 〈연의 편지〉가 가진 정서로 표현하는 것에 중점을 두며 작업했습니다.

웹툰이 한 화씩 끊어 보는 호흡이라면 시나리오는 단번에 보는 호흡이기 때문에 같은 이야기여도 구성 방식을 달리 해야 했습니다. 편지를 찾고 인물들의 과거 이야기를 보여줄 때 늘어지는 느낌이 들지 않도록 노력했습니다.

— 원작 속 각 인물의 어떤 특징을 살리고자 하셨는지 궁금합니다.

동순은 승규가 저지른 방화 사건을 자신이 했다고 대신 뒤집어쓰는 인물입니다. 굉장히 인상 깊은 행동이었기에 동순의 특징이 여기에 있을 것 같다고 생각했습니다. 그 행동이 동순이 승규에게 가진 마음의 짐과 친구라고 믿었던 감정들을 털어내는 의식 같은 거라 생각하고 동순의 캐릭터를 잡으려고 했습니다.

호연은 이야기의 현재 시점에 단 한 번 등장하지만 이 작품 전체를 상징하기에, 그 단 한 번의 등장이 임팩트 있기를 바랐습니다. 청산병원에서 어린 시절의 소리가 호연에게 했던 말과 행동을 호연이 동순에게 하는 방식으로 세 캐릭터를 그리려고 했습니다.

소리는 자신이 도망쳤다고 생각하지만 제가 보기엔 도망친 적이 없었습니다. 지민이를 위해 나섰고, 승규가 "또 너 혼자 친구라고 생각한 거 아니냐"라고 했을 때도 동순을 위해 나섰습니다. 소리는 편지를 찾지 못하는 위기에도 옳은 선택을 하는 아이기에 도망친 적이 없는 캐릭터라고 생각했습니다.

— 원작에는 드러나지 않는 서사가 부여된 인물이 있다면 들려주세요.

드러나지 않은 서사는 아니지만, 새로운 서사를 부여한 인물이 있는데 바로 승규입니다. 이야기의 긴장감을 위해 악행을 부각하려고 승규도 양궁부라는 설정을 추가했습니다. 원작에 나오는 양궁을 활용해서 장면에 활기를 주고 승규의 악행에 개연성을 더하려고 했습니다(원작에서는 국궁이었지만). 악행의 정도가 과해지면 원작의 정서와 맞지 않기 때문에 정도를 조절하는 게 관건이었습니다.

김순이 기사님과 부하는 판타지인 듯 아닌 듯한 매력을 주는 캐릭터입니다. 애니메이션에서 움직이는 그림으로 그러한 분위기가 나면 재미있을 것 같았습니다. 부하의 귀여움이 소소한 재미를 줬으면 해서 지문도 자세하게 썼던 기억이 납니다.

특히 소리가 눈을 감고 아지트를 찾으러 가는 장면은 여러 버전으로 작업했는데 감독님과 스태프분들이 더 멋지게 연출해 주셔서 감탄했습니다.

— 시나리오가 영상화된 후 감상하신 〈연의 편지〉는 어떤 작품이었나요? 시나리오와 또 다른 느낌이 들었다면 무엇 때문이었나요?

소리와 움직임이 있어서 더 아름답게 채워진 작품이었습니다. 특히 OST가 정말 좋아서 시나리오와 또 다른 느낌을 주었던 것 같습니다. 저는 2D 애니메이션을 무척 좋아하는데요, 시나리오가 여러 스태프분들의 손을 거쳐 더 정교하고 섬세하게 다듬어진 것 같습니다. 좋은 원작과 여러 스태프분들의 노고 덕분에 애니메이션 영화 〈연의 편지〉는 2D만의 감성이 잘 담긴 것 같아 관객으로서 즐겁게 감상할 수 있었습니다.

—성우분들의 연기와 영상미, 음악에 대해 소감을 들려주세요.

성우분들의 연기가 그림과 어우러져서 작품에 푹 빠져들 수 있었습니다. 성우분들의 연기로 장면이 생생하게 피어나는 마법을 경험한 것 같습니다.

영상미는 말이 필요 없을 정도죠. 감독님과 스태프분들께서 시나리오로 쓴 것보다 더 아름답고 섬세하게 연출해 주셔서 그저 행복했습니다. 무엇보다도 OST가 빨리 나오면 좋겠습니다. 그야말로 현기증이 날 것 같거든요.

멋진 연기를 해주신 모든 분들과 OST를 작업해 주신 아티스트님, 제작진분들 정말 감사합니다.

· 〈연의 편지〉 OST는 2025년 8월 26일 발매되었습니다.

— 〈연의 편지〉를 통해 관객분들이 얻어 갔으면 하는 것이 있다면 들려주세요.

사실 이 질문에 대한 대답은 작품으로 해야 하는 것 같습니다. 이 작품이 관객분들께 열한 번째 연의 편지가 되기를 바랄 뿐입니다. 이런 애니메이션을 한 번쯤 꼭 작업해 보고 싶었는데 좋은 원작과 좋은 제작진을 만날 수 있게 되어 영광이었습니다.

— 부천국제애니메이션 페스티벌에서 음악상을 받으며 심사위원이었던 윤상 프로듀서와 러블리즈의 류수정 님으로부터 '감성적이고 다채로운 사운드트랙'이라는 찬사를 받으셨는데요. 소감이 어떠신지 궁금합니다.

정말 큰 영광이었습니다. 음악적 깊이가 남다른 분들께 '감성적'이라는 평을 들은 건, 작곡가로서 무척 큰 격려가 되었습니다.

— 〈연의 편지〉의 음악을 구상하실 때 전반적인 콘셉트나 방향성이 있었다면 무엇이었나요?

사실 훌륭한 일본 애니메이션은 너무나 많지만, 감독님과 첫 미팅 때 이 작품은 일본 애니메이션과는 결이 달랐으면 좋겠다고 말씀을 드렸습니다. 장르 특유의 관습적인, 제작진분들이 기대하는 방향은 있었지만 그런 선입견을 깨보고

싶었어요. 생소한 소리를 활용해서 〈연의 편지〉만의 사운드 색채를 만들고, 여기에 다채로운 노래를 더해 관객분들께 한국 애니메이션만의 특별한 정서를 공유하고 싶었습니다. 처음 등장하는 소리로 이 애니메이션의 색채가 기존 애니들과는 결이 다르다는 것을 보여주고 싶었어요. 오프닝 주제곡으로 기대감을 한껏 끌어올린 상태에서 이야기는 시작됩니다. 편지를 발견하는 초반의 장면들은 미스터리한 요소를 가미하기도 하고, 다양한 악기들을 활용하면서도 메인 테마의 존재감은 끝까지 가져가요. 같은 멜로디가 다양하게 변주되는 포인트도 유심히 들어보시면 재미있을 거예요. 개인적으로 가장 좋아하는 OST는 편지를 찾으러 다닐 때 나오는 노래인데요, 진심이 가득 담긴 곡을 관객분들께서도 즐겨주시면 좋겠습니다.

― 보통 영화 음악이라고 하면 가사가 없는 음악을 배경 음악으로 많이 사용하는데, 〈연의 편지〉에서는 가사가 없는 음악도 있고, 가사가 있는 음악도 있어 다양한 음악 구성이 눈에 띕니다. 그렇게 음악을 구성하신 이유가 있는지 궁금합니다.

음악을 듣자마자 정서가 직관적으로 전달되길 바라는 장면이 있고, 쉽게 그 의도가 읽히지 않았으면 하는 장면이 있으니까요. 직관적인 장면에는 가사가 있는 음악을, 그 외의 장면에서는 가사가 없는 음악을 사용해서 관객이 숨겨진 의미를 찾아내는 재미를 만들고 싶었습니다.

― 수현 님이 부른 OST가 영화에서 감정적으로 큰 울림을 주고, 영화를 보신 분들이 가장 기억에 남는 요소 중 하나로 꼽을 만큼 중요한 역할을 합니다. 해당 곡이 탄생하게 된 비하인드 스토리가 있다면 소개해 주세요.

수현 님이 목소리 연기로 캐스팅됐다는 이야기를 듣고 바로 OST를 제안했습니다. 수현 님은 가수로서 이미 완성형이기에 제가 평가할 수준이 아니지만, 무엇보다 가사에 대한 이해도가 깊어서 감탄했습니다. 시나리오를 촘촘히 분석해서 극의 전체를 관통하는 가사를 썼고, 수정을 수없이 거듭해서 마침내 오프닝과 엔딩에 사용될 곡이 탄생하게 되었는데요. 이런 가사에 감정을 실으려고 오래 고민한 흔적이 수현 님의 노래 곳곳에 녹아 있었습니다.

― 영화 〈연의 편지〉는 수현 님뿐 아니라, 다른 유명 아티스트들도 참여했다고 들었습니다. 다른 아티스트들에 대해서도 소개 말씀 부탁드립니다.

CIFIKA의 〈고이고이〉라는 곡은 가장 오래 고민한 끝에 삽입한 음악입니다. 〈연의 편지〉 애니메이션의 하이라이트에 등장하는 음악이고, 특이한 긴장감을 가지고 있는 곡이거든요. CIFIKA의 기존 곡에서 영감을 받아서 그 곡을 새롭게 편곡하고 녹음했습니다.

― 영화 〈연의 편지〉가 관객들에게 어떤 작품으로 가닿기를 희망하시나요?

한국 애니메이션에서 새로운 가능성을 발견한 작품이길 바랍니다. 저는 영화를 관람하면서 잊고 있었던 그리운 순간들이 많이 떠올랐습니다. 한국적인 아날로그 분위기가 영화에 가득했어요. 마지막으로 음악이 좋은 작품으로 기억에 남길 바란다면, 너무 큰 욕심일까요? (웃음)

제공/배급	롯데엔터테인먼트
제작	스튜디오리코 스튜디오N
공동 제작	씨엠씨미디어
제작 투자	김종열
투자 총괄	이경재
투자 책임	김세형 박수빈 박진호
제작	최　준 권미경
공동 제작	윤종윤
감독	김용환
원작	네이버웹툰 <연의 편지> 작가 조현아
	Based on the WEBTOON Series <Your Letter> by Hyeon A Cho
조감독	오민교
각본	정은경
각색	김용환 조아라 박누리
기획	권미경
총괄 프로듀서	이하림 이민애 김채린
프로덕션 프로듀서	김애리 강경민
메인프로덕션 프로듀서	이세종
스토리보드	조아라 손영은 장시준
스토리보드 디벨롭먼트	김병갑

캐릭터 디자인	박누리 표주희 장시준
그래픽 디자인	오주연
소품 디자인	박누리 허유정
미술 설정	김예린 박슬기 남정숙 오주연

| 연출/애니메이션 감독 | 김병갑 |
| 애니메이션 조감독 | 신강이 |

총작화감독	권은경
미술감독	김예린 윤종태
배경감독	윤종태
촬영감독	오주연 홍석찬
3D 수퍼바이저	손성용

편집	오민교
편집 감수	남나영 [웨스트월드 모리]
더빙 연출	김정령 정민주
음악감독	김태성 김연정 [MONOPOLE]
음악 조감독	조경희
사운드	김석원
D.I	허 정

| CAST |

소리	이수현
동순	김민주
호연	민승우
승규	남도형
지민	김연우
순이 기사/수경	이미나
호란	김채린
송희	김예림
어린 소리	김아롱
어린 호연	이세레나
소리 아빠	박기욱
의사선생님	김순미

저지	김현욱
마스크	원종준
한월중 일진	최현식

| STUDIO LICO & STUDIO N |

제작	최　준 권미경
감독	김용환
조감독	오민교
각색	김용환 조아라 박누리
윤색	김한나 이기녕

기획	권미경
총괄 프로듀서	이하림 이민애 김채린
프로덕션 프로듀서	김애리 강경민

스토리보드	조아라 손영은 장시준
스토리보드 애니메틱스	오민교
스토리보드 지원	천새미 QMENG 김수빈 강해성

캐릭터 디자인	박누리 표주희 장시준
캐릭터 디자인 지원	조현아 남정숙
그래픽 디자인	오주연
소품 디자인	박누리 오주연 장시준 김예린

미술감독	김예린
미술 설정	김예린 박슬기 남정숙 오주연
미술 설정 지원	오현수 김소희

| 2D 애니메이션 | 조아라 박누리 김시은 한나래 이　솔 윤종하 B-MON QMENG 최희승 |

작화감독	박누리 한나래 B-MON
배경	김정연 김예린 손성용 최희승
촬영감독	오주연
촬영	오민교 김용환
3D 슈퍼바이저	손성용

3D 감독	김용환
3D	손성용 권관용 김종훈 엄태공 이지은
스페셜신 참여 아티스트	조준현 백초윤 허지원
스페셜신 참여 수퍼바이저	박도석

편집	오민교
프리프로덕션 음악 연출	도성일 윤주영 박병대
프리프로덕션 더빙/사운드 연출	김예진
로케이션 매니저	김예린
배경 사진	전석현

사업 책임	김성재
마케팅	차세리
사업 기획	구소영 이민애 강수림
사업 관리	이성원 김채린 김수인
경영 지원	황성형 문경민 안혜환 심유진

| CMC MEDIA |

공동 제작	윤종윤
연출/애니메이션 감독	김병갑
애니메이션 조감독	신강이
스토리보드 디벨롭먼트	김병갑
메인프로덕션 프로듀서	이세종
프로젝트 매니저	이매림
코디네이터	이수호 윤은지

1원화	김병갑 신강이 이정훈 정연순 권윤희 서경록 신민섭 김석영 장현근 양선연 장범철 유세형 김은영 김주석 이정권 이은진 송지원 최진주 안은혜 김혜정 이현정 김정은 고구마 김신영 박대열 김학진

총작화감독	권은경
	이정권 권윤희
작화감독	김기풍 박상욱 김은영 김경환 이정권 정연순 이정훈 신민섭 장현근 유효상 이현정 정우영 윤정혜

| **2원화** | 강정아 양선연 김효진 김경은 최진주 강미애 최재훈 이예진 유난희 황인철 |
| | 이수연 이현미 김찬희 홍다영 |

색채 설계	이민아
최종 검사	이연숙 이남경
3D팀장	박용상
모델링 도움	김남원
카메라 도움	신나라

미술감독	윤종태
배경감독	윤종태
	김학철
배경	김종우 이지혜 전영미 고경진 김지연 김현구 윤승희 황연주
촬영감독	홍석찬
촬영 조감독	정세희

| 더빙 - 리드사운드 |

더빙 연출	김정령 정민주
녹음	이지혜 임진효
편집	김필수 조성은 김진수
매니저	이경언

| 음악 |

음악감독	김태성 김연정 [MONOPOLE]
음악 조감독	조경희
오케스트레이터	임미현
녹음	서울스튜디오
스트링	융스트링
플룻	한아름
솔로 바이올린	이준화
목소리	김연정

| 사운드 - BLUECAP |

Sound Supervisor	김석원
Re-Recording MIX	김현준 김석원
ADR&Dial Supervisor	조민경
Sound Effect Supervisor	강민석
Sound EFX Editor	오준혁 유의정 이용후
Foley Supervisor	김현준
Foley Rec&Edit	이지연
Foley Artist	최　윤
Foley Stage	부천 폴리 스튜디오
Accountant & Admin	오연우
Technical Supervisor	홍윤성
Post Supervisor	김정민

| 편집 - 웨스트월드 모리 |

편집 감수	남나영

| Digital Intermediate - C47 POST STUDIO |

D.I. Colorist	허　정
Color assistant	고찬호

| 롯데엔터테인먼트 |

투자/제작 진행	남세현 김찬수
투자/제작 지원	김혜인 맹지은
투자/기획 진행	엄미라 이승현
마케팅 책임	이한나
마케팅 진행	김유나 윤수윤
마케팅 지원	김기백 나소라 김주연
홍보 책임	이신영
홍보 진행	이수정 류혜진 윤이진 이한별
유통 전략 책임	김현철
국내 배급 진행	임　건 양소영 김도이
부가 판권 진행	김종화 김수경 김나령
사업 전략/해외 배급 책임	송승록
해외 배급 진행	최한아 최수연 이해원
사업 전략 진행	김수연 박신영
법무 진행	안성현 임그리사
사업 관리 진행	황보미애 신유나 남지윤
투자 전략 책임	장민호 이재훈
사업 지원 책임	김병문 김영혁 이수민 조성철 이　찬

**이 외에도 〈연의 편지〉 장편 애니메이션 제작에 함께해 주신 아티스트분들과 제작 협력사,
그리고 관계자 여러분께 깊이 감사드립니다.**

연의 편지 애니메이션 아카이브북

초판 1쇄 인쇄 2025년 10월 30일
초판 1쇄 발행 2025년 11월 10일

감독 김용환
각본 정은경
원작 조현아

책임편집 안희주
외주편집 김새미나
디자인 MALLYBOOK 최윤선, 오미인, 조여름
책임마케팅 최혜령, 박지수, 도우리, 양지환
마케팅 콘텐츠 IP 사업본부
해외사업 한승빈, 박고은
경영지원 백선희, 권영환, 이기경, 최민선
제작 제이오

펴낸이 서현동
펴낸곳 ㈜오팬하우스
출판등록 2024년 5월 16일 제2024-000141호
주소 서울시 강남구 테헤란로 419, 11층 (삼성동, 강남파이낸스플라자)
이메일 info@ofh.co.kr

ISBN 979-11-94979-54-8 (03680)